高等学校逻辑学专业系列教材

刘虎/主编

理性选择导论

熊 卫 编著

科学出版社

北 京

内 容 简 介

　　本书分为三个部分。第一部分为基础概率论，介绍了概率论的基本概念和公式。第二部分为经典理性选择理论，介绍了理性选择理论中的基本概念，包括偏好和选择规则，以及风险情形下的冯·诺伊曼-摩根斯坦期望效用理论，不确定情形下的拉姆齐主观概率理论、德菲尼蒂主观概率理论、安斯康姆-奥曼主观期望效用理论等。第三部分为理性选择理论的延伸：从个体到群体，介绍了经典的群体选择理论——阿罗不可能性定理，以及博弈论的基本模型——策略型博弈。

　　本书适合逻辑学、数学、哲学、经济学等相关专业的高校师生阅读，也适合对逻辑学感兴趣的读者阅读。

图书在版编目(CIP)数据

理性选择导论/熊卫编著. —北京：科学出版社，2022.3
（高等学校逻辑学专业系列教材/刘虎主编）
ISBN 978-7-03-071923-2

Ⅰ.①理…　Ⅱ.①熊…　Ⅲ.①选择学–高等学校–教材　Ⅳ.①C934

中国版本图书馆 CIP 数据核字 (2022) 第 045173 号

责任编辑：郭勇斌　邓新平／责任校对：杜子昂
责任印制：苏铁锁／封面设计：众轩企划

科学出版社 出版
北京东黄城根北街 16 号
邮政编码：100717
http://www.sciencep.com

北京凌奇印刷有限责任公司 印刷
科学出版社发行　各地新华书店经销
*
2022 年 3 月第　一　版　开本：720×1000　1/16
2022 年 3 月第一次印刷　印张：11 1/4
字数：212 000
POD定价：79.00元
（如有印装质量问题，我社负责调换）

作 者 简 介

　　熊卫，男，1970 年生，逻辑学专业博士，中山大学哲学系教授，教育部人文社会科学重点研究基地中山大学逻辑与认知研究所研究员，国家级重大人才工程特聘教授，国家级重大人才工程青年学者，南粤优秀教师，中国逻辑学会归纳逻辑专业委员会主任，中国逻辑学会科学逻辑专业委员会副主任，中国逻辑学会常务理事。主要研究领域为非经典逻辑、归纳逻辑、理性选择和博弈论及其在哲学和人工智能等方面的应用。在 SCI/SSCI/CSSCI 来源学术刊物上发表了一批高质量论文；主持国家社会科学基金重点项目和一般项目各 1 项，教育部人文社会科学重点研究基地重大项目 2 项。

"高等学校逻辑学专业系列教材"编委会

主　　编：刘　虎

编　　委：（按姓氏汉语拼音排序）

崔建英　　郭佳宏　　郭美云　　郝兆宽

何　杨　　刘奋荣　　刘海林　　刘新文

马明辉　　任　远　　沈榆平　　王　玮

王　轶　　王彦晶　　文学锋　　谢　耘

熊　明　　熊　卫　　杨睿之　　余俊伟

袁永锋　　张燕京

丛 书 序

孟子说, 人和禽兽的差别几希, 这差别在于人可以明庶物和察人伦. 用现代的话说, 我们既有明辨万事万物的自然科学, 又有体察道德规律、人际关系的社会科学. 前者探讨外物, 后者考察人心, 它们构成我们 "文明" 的基础.

两千多年来, 中国传统学者在检视人伦方面用力甚勤, 但在明察庶物的自然科学研究上则落后于传承古希腊思想的西方同行. 中国传统文献中对人伦秩序有着精到的描述, 直至社会秩序和人际关系中隐微的细节. 自然科学研究需要的客观、理性、怀疑精神和试验方法, 则是我们需要补上的一课.

爱因斯坦说, 西方科学的发展源自两个伟大的成就, 即古希腊人发明的形式逻辑, 以及确认因果关系的实验方法. 使用基于逻辑的理性工具总结和分析实验材料, 纷繁复杂的自然科学体系, 不外如是. 中国历史上在自然科学领域较为落后, 也需要在逻辑和实验这两个方面寻找原因.

人们经常在不同的语境和意义下使用 "逻辑" 这个词. 我们说, 思考的逻辑, 代表某种思维规律; 我们说, 讲话的逻辑, 代表上下文间具有的某种联系; 我们甚至说, 生活的逻辑、吃饭的逻辑, 代表一项活动中的某种规律性. 若某人被贴上 "没有逻辑" 的标签, 等同于指控他的愚笨.

虽然难以得到准确的、行之有效的 "逻辑" 的定义, 但我们大体知道, 逻辑是构成人类概念和知识体系的基石. 逻辑由一些形式规律构成. 最简单的例子如称为同一律的 "如果 A 是真的, 那么 A 是真的". 显然, 缺少了这样的形式规律, 人的心灵只是一团乱麻. 这些形式规律先于知识, 是知识的起点, 它们规范了知识的形态和样式. 它们或多或少地存在于每个人的心灵中, 使得人成为理性的个体. 有时, 我们甚至可以互换使用逻辑和理性这两个词.

逻辑学是一门研究逻辑的学科. 它最早产生于古希腊. 亚里士多德是古希腊逻辑学的创立者和代表人物. 亚里士多德的学说在其后两千多年里得到了延续和发展, 逻辑学的基本理念和研究方法仍与其一脉相承, 直到数学化的符号逻辑在 19 世纪末 20 世纪初被弗雷格和罗素等发现. 我们有时称前者为传统逻辑或非形式逻辑, 称后者为现代逻辑、形式逻辑或符号逻辑. 现代的形式逻辑并不是对传统非形式逻辑的反证. 它们是相辅相成的关系. 它们有着各自适用的领域, 它们探讨的问题有交叉也有较大的差异. 非形式逻辑在当代仍是一门有着强大生命力的学科.

逻辑学还包括其他与逻辑相关的研究和讨论. 逻辑哲学分析和考察在逻辑学研究中产生的哲学问题. 逻辑哲学与语言哲学和分析哲学密切相关. 逻辑学史, 顾名思义, 探讨逻辑学的发展历史. 历史上, 系统性的逻辑学研究多出现于西方传统文献. 中国和印度的古代文献中也有部分零散但精妙的论述. 对这些文本的研究我们归之于中国逻辑 (史) 和佛教逻辑的范畴. 由于逻辑学的基础性地位, 它在其他学科中有着广泛的应用. 我们在哲学、数学、计算机、法律甚至经济学中都能发现以逻辑学为主业的教授. 这些逻辑学的应用我们统称为应用逻辑. 一套完整的逻辑学教材, 应该涵盖以上所述的逻辑学各个分支.

逻辑学对一个健全完整的教育体系而言是不可缺少的重要环节. 逻辑学是西方传统古典课程的"七艺"之一. 联合国教科文组织也将逻辑学列为二十四大顶层学科之首, 与数学并列为两大精确科学. 逻辑学 20 世纪传入中国, 80 年代以后在中国得到高速发展. 当前, 中国逻辑学在研究人员的数量、研究成果的质量和水平上已经接近或达到了国际先进水平. 而在逻辑学的教育和普及方面, 我们和西方同行相比则有不小的差距. 此次出版的这套高等学校逻辑学专业系列教材, 也是我们为弥补这个差距所做的努力.

本套逻辑学教材由中山大学逻辑与认知研究所主持牵头编写. 中山大学于 2007 年开办逻辑学本科专业, 是我国目前唯一连续招生的逻辑学本科专业. 经过十几年的教学实践和建设, 我们的课程体系已经覆盖了逻辑学的各个主要分支领域. 这些课程的任课教师是一批具有国际学术视野、在前沿问题上从事研究工作的中青年学者, 他们也是这套教材的主要作者. 此外, 我们有幸邀请到十余位国内其他高校的逻辑学学者担任教材的编委工作. 他们的帮助和指导将大大提高本套教材的质量和适用性. 我在此一并对他们表示感谢.

刘 虎

2019 年 5 月

前　　言

随着研究的逐渐深入, 学科分支更加细化, 使得现代科学愈发高度分化. 同时, 人类在探索社会与自然的过程中形成的知识洪流又不断地汇聚在一起, 使得现代科学呈现整体化的特征. 因此, 当今学科的发展既高度分化又高度融合, 已经打破了各自为政的发展格局. 我们通过学科交叉极大地激发了创新思想, 不断地开拓新的研究领域.

在哲学方面, 20 世纪 60 年代, D. Lewis 应用了博弈论, 通过构建信号博弈研究了社会习俗的形成机制, 为哲学研究, 尤其是认识论和科学哲学, 提供了一种新的方法. 当今, 越来越多的研究者将理性选择理论和博弈论应用于哲学研究, 相关成果不断涌现, 新理论和新观点层出不穷. 21 世纪所兴起的形式化认识论和社会认识论思潮即为例证, 经过二十余年的沉淀, 它们已发展成为前沿的、跨学科的哲学研究领域. 在逻辑学方面, 尤其是哲学逻辑, 人们通过逻辑、理性选择理论和博弈论交叉融合, 发掘新的逻辑研究领域, 近来也涌现了大量的研究成果. 这些研究提出了各种逻辑理论如偏好逻辑、博弈逻辑和概率逻辑等, 刻画理性选择理论和博弈论的基本概念, 揭示了这些概念相应的认知条件.

理性选择不仅是经济学的一个分支, 它与归纳逻辑、科学哲学、认识论、伦理学有很大的交叉度. 主观概率理论是现代归纳逻辑的主要内容之一, 是现代归纳逻辑发展最为活跃的研究领域, 以它为基础的贝叶斯认识论是认识论中的一个重要理论. 同时, 它被视为一个基本的工具, 广泛地应用于科学哲学中一些基本问题的研究, 例如, 假说和理论的评价和接受, 证据与确证, 知识发现和科学范式, 等等.

在这样的背景下, 我们出版这本教材, 目的是全面贯彻落实习近平总书记关于教材建设的重要指示精神, 向读者介绍经典的理性选择理论. 期望读者通过本书了解掌握这个领域中的基本概念和基本理论, 为从事相关领域的学习和研究储备知识. 为了使读者更好地理解内容, 本书插入了较多的图表. 本书不预设读者具有相关的专业基础; 读者可以在本书的基础上, 根据需求参考每章提供的文献注释作进一步的拓展.

本书分为三部分. 第一部分为基础概率论, 介绍了概率论的基本概念和公式, 不涉及多维随机变量、极限定理和数理统计. 第二部分为经典理性选择理论, 不包含非期望效用理论, 如依秩效用理论和前景理论及它们的扩展理论. 首先, 介绍理性选择理论的基本概念, 包括偏好和选择规则, 阐述选择规则可理性化的充要条件. 然后, 介绍风险情形下的经典理论——冯·诺伊曼–摩根斯坦期望效用理论; 不确定情形下的经典理论——拉姆齐主观概率理论、德菲尼蒂主观概率理论、主观概率理论的融贯性、安斯康姆–奥曼主观期望效用理论及卡尔纳普的概率逻辑理论. 由于萨维奇主观期望效用理论比较复杂, 本书没有将其纳入. 第三部分为理性选择理论的延伸: 从个体到群体. 理性选择主要表征个体理性. 将个体理性概念延伸到群体的选择和群体的互动, 我们可以分别得到群体选择理论和博弈论. 这一部分先介绍经典的群体选择理论——阿罗社会选择, 介绍阿罗不可能性定理; 然后介绍博弈论的基本模型——策略型博弈.

在本书写作过程中, 美国卡内基梅隆大学哲学系 Simon 教授 Teddy Seidenfeld 给了我宝贵的建议, 刘海林、邢照军、文学锋、沈榆平和陈金婕亦给了我不少帮助. 特此致谢! 此外, 感谢我的夫人赖永红, 没有她在背后支持, 我不可能将主要精力投入到工作之中. 本书由 "中山大学品牌专业项目" 资助, 在此致谢!

由于作者水平和精力有限, 难免书中有疏漏之处, 欢迎读者批评指正.

熊　卫

中山大学

目　　录

第三部分　理性选择理论的延伸：从个体到群体

第一部分
基础概率论

第 1 章　概率论的基本概念

1.1　样本空间、事件

人们遇到的各种现象可以分为两类: 必然现象和随机 (偶然) 现象. 前者是指在一定的条件下必然出现的现象; 后者在一定的条件下, 并不总是出现相同的结果. 对某随机现象的观察构成一个随机试验. 一般来说, 随机现象具有一定的规律性. 概率论和数理统计的研究对象便是这种规律性.

定义 1.1　随机试验 E 的所有可能基本结果组成的集合称为 E 的样本空间 (也称为基本事件空间), 记为 $\Omega = \{\omega\}$, 其中元素 ω 为样本点; 由某个样本点构成的单点集称为一个基本事件.

例如, 掷一枚硬币的样本空间 $\Omega = \{\omega_1, \omega_2\}$, 其中, ω_1 表示正面朝上, ω_2 表示反面朝上; 测量某产品误差的样本空间 $\Omega = \{x : -10 \leqslant x \leqslant 10\}$.

注记 1.1　关于样本空间, 我们需注意:

- 样本空间至少包含两个元素;
- 随机试验中任何两个基本事件不可能同时出现;
- 样本空间中元素的个数可能是有穷的, 也可能是无穷的; 它可能是可数的, 也可能是不可数的. 只包含有穷个或可数个样本点的样本空间称为离散的.

定义 1.2　随机试验 E 的某些样本点组成的集合称为随机事件, 简称为**事件**.

注记 1.2　对于事件概念,

- 通常, 我们用大写英文字母表示事件;
- 事件是随机试验 E 的样本空间 Ω 的子集. 特别地, Ω 是一个事件, 我们称之为必然事件; $\varnothing$ 也是一个事件, 它在随机试验中都不发生, 称为不可能事件;
- 事件可以用维恩图来表示 (图 1.1);

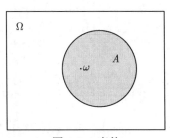

图 1.1　事件

- 当子集 A 中的某个样本点出现时, 意味着事件 A 发生.

1.2 事件的关系与运算

由于事件是一个集合, 事件的关系和事件的运算自然地可以按照集合论中相应的规则来处理. 设随机试验 E 的样本空间为 Ω, A 和 B 是它的子集.

下面, 我们定义常见的一些事件关系:

- 若 $A \subset B$, 则称事件 B 包含事件 A, 它表示事件 A 发生则事件 B 必然发生; 若 $A \subset B$ 且 $B \subset A$, 则 $A = B$.
- 事件 $A \cup B$ 称为事件 A 与事件 B 的和事件, 表示 A 和 B 中至少有一个事件发生.
- 事件 $A \cap B$ 称为事件 A 与事件 B 的交事件 (积事件), 表示事件 A 和 B 同时发生, 在不产生混淆的情况下, 交事件 $A \cap B$ 可以简记为 AB.
- 事件 $A - B = \{x | x \in A \& x \notin B\}$ 称为事件 A 与 B 的差事件, 表示事件 A 发生, 但事件 B 不发生.
- 若 $A \cap B = \varnothing$, 则称事件 A 与 B 是互不相容事件 (互斥的), 表示事件 A 与 B 不能同时发生. 例如, 任意两个基本事件都是互不相容的.
- 若 $A \cup B = \Omega$ 且 $A \cap B = \varnothing$, 则称事件 A 与 B 互为逆事件 (对立事件), 表示事件 A 和 B 中必有且仅有一个发生. A 的对立事件通常记为 $\overline{A}$, 显然有 $\overline{A} = \Omega - A$.

注记 1.3 由差事件定义, 我们有: $A - B = A\overline{B}$.

例 1.1 设 A、B、C 为某随机试验的三个事件, 则

- 事件 "A 与 B 发生, C 不发生" 可表示为 $AB\overline{C}$;
- 事件 "A、B、C 中至少有两个发生" 可表示为 $AB \cup AC \cup BC$;
- 事件 "A、B、C 中恰好有两个发生" 可表示为 $AB\overline{C} \cup A\overline{B}C \cup \overline{A}BC$.

在进行事件运算时, 我们经常要用到以下定律. 令 A, B, C 为事件, 有

- 交换律: $A \cup B = B \cup A$; $A \cap B = B \cap A$.
- 结合律: $A \cup (B \cup C) = (A \cup B) \cup C$; $A \cap (B \cap C) = (A \cap B) \cap C$.
- 分配律: $A \cup (B \cap C) = (A \cup B) \cap (A \cup C)$; $A \cap (B \cup C) = (A \cap B) \cup (A \cap C)$.
- 对偶律 (德摩根律): $\overline{A \cup B} = \overline{A} \cap \overline{B}$; $\overline{A \cap B} = \overline{A} \cup \overline{B}$.

1.3 概率的公理化定义及其性质

概率论作为一门数学学科, 其基本概念必须要有严格的定义. 这一节将介绍概率的公理化定义及其性质. 下面, 我们首先为这个公理化定义做一些准备工作.

1.3.1　事件的 σ-代数

定义 1.3　设 Ω 为一个集合, $\mathfrak{F}$ 是 Ω 的一些子集的集合, 称 $\mathfrak{F}$ 为 Ω 中一个 σ-代数, 如果它满足:

(1) $\Omega \in \mathfrak{F}$;

(2) 若 $A \in \mathfrak{F}$, 则 $\overline{A} \in \mathfrak{F}$;

(3) 对于任意可数个 $A_1, A_2, \cdots, A_n, \cdots \in \mathfrak{F}$, 有 $\bigcup\limits_{i=1}^{\infty} A_i \in \mathfrak{F}$.

注记 1.4　σ-代数对于事件逆运算及和运算是封闭的.

由事件的 σ-代数定义, 我们可以得到以下定理:

定理 1.1　设 $\mathfrak{F}$ 为 Ω 中一个 σ-代数, 则有:

(1) $\varnothing \in \mathfrak{F}$;

(2) 对于任意可数个 $A_1, A_2, \cdots, A_n, \cdots \in \mathfrak{F}$, 有 $\bigcap\limits_{i=1}^{\infty} A_i \in \mathfrak{F}$;

(3) 若 $A, B \in \mathfrak{F}$, 则 $A - B \in \mathfrak{F}, B - A \in \mathfrak{F}$.

证明　(1) 由定义 1.3 中条件 (1) 和条件 (2) 可得.

(2) 由于 $A_i \in \mathfrak{F}$, $i = 1, 2, \cdots$, 故 $\overline{A_i} \in \mathfrak{F}$, 因此, $\bigcup\limits_{i=1}^{\infty} \overline{A_i} \in \mathfrak{F}$, 从而 $\overline{\bigcup\limits_{i=1}^{\infty} \overline{A_i}} \in \mathfrak{F}$. 根据对偶律可知 $\bigcap\limits_{i=1}^{\infty} A_i \in \mathfrak{F}$.

(3) 由于 $A, B \in \mathfrak{F}$, 故 $\overline{A}, \overline{B} \in \mathfrak{F}$, 从而 $A \cap \overline{B} = A - B \in \mathfrak{F}, \overline{A} \cap B = B - A \in \mathfrak{F}$. □

该定理阐述了 σ-代数的一个重要性质: 集合的任一 σ-代数关于该集合的积运算和差运算也是封闭的.

1.3.2　概率定义

由于概率的基本概念缺乏明确的定义, 早期概率论并不是一门成熟的数学学科. 在事件的 σ-代数定义基础上, 柯尔莫哥洛夫 (A. N. Kolmogorov) 给出了概率的公理化定义, 使得概率论发展为一门严谨的数学分支学科.

定义 1.4　设 Ω 为一个样本空间, $\mathfrak{F}$ 为 Ω 中一个 σ-代数. 如果定义 $\mathfrak{F}$ 上的一个实值函数 $P(A)$, $A \in \mathfrak{F}$, 满足:

(1) 非负性: $P(A) \geqslant 0$;

(2) 规范性: $P(\Omega) = 1$;

(3) 可列可加性: 对于任意可数个 $A_1, A_2, \cdots, A_n, \cdots \in \mathfrak{F}$, $A_i A_j = \varnothing$, $i \neq j$, 有

$$P\left(\bigcup_{i=1}^{\infty} A_i\right) = \sum_{i=1}^{\infty} P(A_i).$$

那么称 $P(A)$ 为事件 A 的概率, $\mathfrak{F}$ 为事件域, $(\Omega, \mathfrak{F}, P)$ 为概率空间.

上述定义阐述了概率函数需满足的三个公理. 值得注意的是, 这个公理化定义并没有给出确定事件概率的方法; 也就是说, 概率还缺乏一个明确的语义. 在归纳逻辑中, 概率有多种解释, 如古典概率解释、频率主义解释、卡尔纳普 (P.R. Carnap) 的逻辑确证度解释、拉姆齐 (F. Ramsey) 和萨维奇 (L. J. Savage) 等人的主观信念解释等.

例 1.2   假设 $\Omega = \{\omega_1, \omega_2, \cdots, \omega_n\}$, $\mathfrak{F}$ 为 Ω 的所有子集构成的集合, $P(\{\omega_i\}) = 1/n$, $i = 1, 2, \cdots, n$, 对任意 $A \in \mathfrak{F}$, 定义

$$P(A) = \sum_{\omega_i \in A} P(\{\omega_i\}) = k/n,$$

其中 k 是 A 所包含样本点的个数.

容易验证 $P(A)$ 满足定义 1.4 中的三个条件, 因此 P 是一个概率函数, $(\Omega, \mathfrak{F}, P)$ 为一个概率空间.

定义 1.5   如果事件域 $\mathfrak{F}$ 的事件序列 $\{A_i\}$ 满足 $A_1 \subset A_2 \subset \cdots \subset A_n \subset \cdots$, 那么称该事件序列是单调不减的, 且称 $\bigcup_{i=1}^{\infty} A_i$ 为序列 $\{A_i\}$ 的极限事件; 如果事件域 $\mathfrak{F}$ 的事件序列 $\{A_i\}$ 满足 $A_1 \supset A_2 \supset \cdots \supset A_n \supset \cdots$, 那么称该事件序列是单调不增的, 且称 $\bigcap_{i=1}^{\infty} A_i$ 为序列 $\{A_i\}$ 的极限事件. 极限事件记为 $\lim_{i \to \infty} A_i$.

根据定义 1.4, 我们可以得到概率的一些重要性质:

定理 1.2   假设 $(\Omega, \mathfrak{F}, P)$ 为一个概率空间, 那么有:

(1) $P(\varnothing) = 0$.

(2) 有穷可加性: 对于任意可数个 $A_1, A_2, \cdots, A_n \in \mathfrak{F}$, $A_i A_j = \varnothing$, $i \neq j$, 有

$$P\left(\bigcup_{i=1}^{n} A_i\right) = \sum_{i=1}^{n} P(A_i).$$

(3) 互补性: $P(\overline{A}) = 1 - P(A)$.

(4) 单调性: 若 $A \subset B$, $A, B \in \mathfrak{F}$, 则 $P(A) \leqslant P(B)$, $P(B - A) = P(B) - P(A)$.

(5) 次可加性: 对于任意事件 $A_1, A_2, \cdots, A_n \in \mathfrak{F}$, 有

$$P\left(\bigcup_{i=1}^{n} A_i\right) \leqslant \sum_{i=1}^{n} P(A_i).$$

(6) 加法公式: 对于 $A, B \in \mathfrak{F}$, 有 $P(A \cup B) = P(A) + P(B) - P(AB)$.

(7) 一般加法公式: 对于任意事件 $A_1, A_2, \cdots, A_n \in \mathfrak{F}$, 有

$$P\left(\bigcup_{i=1}^{n} A_i\right) = \sum_{i=1}^{n} P(A_i) - \sum_{i<j} P(A_i A_j) + \sum_{i<j<k} P(A_i A_j A_k) + \cdots$$

$$+ (-1)^{n-1} P(A_1 A_2 \cdots A_n).$$

(8) 连续性: 假设 $\{A_n\}$, $A_n \in \mathfrak{F}$, 是一个单调事件列, $A = \lim\limits_{n \to \infty} A_n$, 那么

$$\lim_{n \to \infty} P(A_n) = P(\lim_{n \to \infty} A_n) = P(A).$$

证明　(1) 和 (2) 由可列可加性可得; (3) 由可列可加性和规范性可得.

(4) 由 σ-代数的性质知 $B - A \in \mathfrak{F}$. 由 $A \subset B$ 可得 $B = A \cup (B - A)$, 又 $A \cap (B - A) = \varnothing$, 故有 $P(B) = P(A) + P(B - A)$. 因此, $P(B - A) = P(B) - P(A)$. 由于 $P(B - A) \geqslant 0$, 故 $P(A) \leqslant P(B)$.

(5) 和 (7) 应用数学归纳法可得.

(6) 由于 $A \cup B = A \cup (B - AB)$, 且 $A \cap (B - AB) = \varnothing$, $AB \subset B$, 故

$$P(A \cup B) = P(A) + P(B - AB) = P(A) + P(B) - P(AB).$$

(8) 令 $\{A_n\}$ 为单调不减事件列. 易见

$$\lim_{n \to \infty} A_n = \bigcup_{n=1}^{\infty} A_n = \bigcup_{n=1}^{\infty} B_n,$$

其中 $B_n = A_n - A_{n-1}$, $A_0 = \varnothing$, $n = 1, 2, \cdots$. 显然, $B_i B_j = \varnothing$, $i \neq j$, 故

$$P(A) = P(\lim_{n \to \infty} A_n) = P\left(\bigcup_{n=1}^{\infty} A_n\right) = P\left(\bigcup_{n=1}^{\infty} B_n\right)$$

$$= \sum_{n=1}^{\infty} P(B_n) = \sum_{n=1}^{\infty} (P(A_n) - P(A_{n-1}))$$

$$= \lim_{n \to \infty} \sum_{i=1}^{n} (P(A_i) - P(A_{i-1}))$$

$$= \lim_{n \to \infty} P(A_n).$$

当 $\{A_n\}$ 为单调不增事件列时, 可应用此结论和对偶律证明.　　□

1.3.3　概率的实例: 古典概型和几何概型

概率论发展初期的研究主要集中于古典概型. 例 1.2 中定义的概率实际上是一个古典概型, 其概率空间所对应的随机试验称为古典型随机试验, 从这个例子中我们可以发现这样的随机试验具有如下特点:

(1) 有穷性: 其样本空间只包含有穷个样本点.

(2) 等可能性: 其样本空间中每个样本点出现的可能性是相同的.

给定一个古典概型, 设 A 是一个事件, 由上述特点可知,

$$P(A) = \frac{\text{事件 } A \text{ 包含样本点的个数}}{\Omega \text{ 包含样本点的个数}}.$$

显然, 根据古典概型所定义的测度 $P(A)$ 满足概率定义. 等可能性又称为无差别原则, 它可以应用到信息或知识不完备时的不确定性推理当中. 实际上, 现实中存在大量的古典型随机试验, 如抽彩、抽样等.

例 1.3 (盒子模型) 将 n 个球等可能地放入 $N(N \geqslant n)$ 个盒子中去, 每个盒子能够放入的球不限, 试求每个盒子至多有一个球的概率.

解 令事件 A 为 "每个盒子至多有一个球". 显然, 每个盒子至多有一个球共有

$$\binom{N}{n} n! = N(N-1) \cdots [N - (n-1)]$$

种放法. 因此, A 中包含有 $N(N-1) \cdots (N-n+1)$ 个元素. 而每个球放入 N 个盒子中共有 N 种放法, 因此这个古典型随机试验的样本空间有 N^n 个元素. 由古典概型的定义, 有

$$P(A) = \frac{N(N-1) \cdots (N-n+1)}{N^n}. \qquad \square$$

应用这个模型可以解决一些问题. 例如, 假设每个人的生日在一年 365 天中的任意一天的概率是相同的, 那么在一群人 (共 n 人, $n \leqslant 365$) 中, 他们的生日各不相同的概率为

$$P(A) = \frac{365 \times 364 \times \cdots \times (365 - n + 1)}{365^n}.$$

因此, n 人中至少有两人生日相同的概率为 $1 - P(A)$; 特别地, 40 人当中至少有两人生日相同的概率为 0.891.

几何概型应用几何方法确定事件概率, 具有与古典概型类似的特点:

(1) 随机现象的样本空间 Ω 是一个区域, S_Ω 为其度量 (长度、面积或体积等);

(2) 在此区域中获取任意一点是等可能的.

故在几何概型中, 若 A 是一个事件, 则

$$P(A) = \frac{S_A}{S_\Omega}.$$

其中, S_A 为 A 的度量.

例 1.4 两人约定在某日的晚上 7 点至 8 点之间在某地见面 (假设他们在规定的时间里等可能到达地点), 并约定先到者应等候对方 20 分钟, 过时即可离去. 试求两人能够碰面的概率.

解 设他们到达的时间分别为 x 和 y, 事件 A 为 "两人能够碰面". 那么样本空间 Ω 为边长 60 的正方形, 即 $\Omega = \{(x,y) : x, y \in [0,60]\}$, 而 $A = \{(x,y) :$

$|x - y| \leqslant 20\}$(图 1.2). 故

$$P(A) = \frac{S_A}{S_\Omega} = \frac{60^2 - 40^2}{60^2} = \frac{5}{9}.$$ □

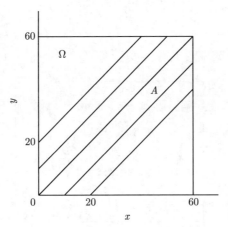

图 1.2 会面问题的样本空间和事件

读者可以将这个问题进一步地延伸, 例如, 考虑①约定时间的跨度为变量, ②先到者应等候的时间为变量, 求出能够碰面的概率, 并讨论当这些变量增加时概率的变化情况.

1.4 条件概率和相关公式

1.4.1 条件概率

条件概率给出一个事件在某事件的条件下发生的概率, 它在概率论中是一个重要的概念. 在下定义之前, 我们先看一个例子.

例 1.5 考虑一个古典型随机试验: 连续掷一枚均匀硬币两次. 令事件 A 为 "两次掷出同一面", B 为 "至少掷出正面一次", 讨论在事件 B 发生的条件下 A 发生的概率.

显然, 这个随机试验的样本空间为 $\Omega = \{HH, HT, TH, TT\}$, 这里 H 表示正面, T 表示反面, $A = \{HH, TT\}$, $B = \{HH, HT, TH\}$. "在事件 B 发生的条件下 A 发生" 意味着 HH 出现, 而 B 包含 3 个样本点, 故在事件 B 发生的条件下 A 发生的概率 $P(A|B)$ 为 1/3. 另外, 由古典概型定义, 有 $P(B) = 3/4$, $P(AB) = 1/4$. 因此, 在这个例子中, 我们有

$$P(A|B) = \frac{P(AB)}{P(B)}.$$

在一般的情景下, 我们可以将条件概率定义如下.

定义 1.6 (**条件概率**) 给定概率空间 $(\Omega, \mathfrak{F}, P)$, $A, B \in \mathfrak{F}$, $P(B) > 0$, 称

$$P(A|B) = \frac{P(AB)}{P(B)}$$

为事件 B 条件下 A 的概率.

条件概率的维恩图见图 1.3. 不难验证, 条件概率具有以下性质.

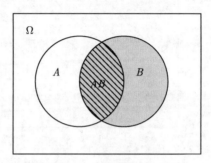

图 1.3　条件概率图示

定理 1.3　给定概率空间 $(\Omega, \mathfrak{F}, P)$, $A, B \in \mathfrak{F}$, $P(B) > 0$, 则

(1) 非负性: $P(A|B) \geqslant 0$;

(2) 规范性: $P(\Omega|B) = 1$;

(3) 可列可加性: 对于任意可数个 $A_1, A_2, \cdots, A_n, \cdots \in \mathfrak{F}$, $A_i A_j = \varnothing$, $i \neq j$, 有

$$P\left(\bigcup_{i=1}^{\infty} A_i \bigg| B\right) = \sum_{i=1}^{\infty} P(A_i|B).$$

由条件概率可得: $P(AB) = P(A|B)P(B)$. 我们可将它进一步推广为:

定理 1.4 (**乘法公式**) 给定概率空间 $(\Omega, \mathfrak{F}, P)$, $A_1, A_2, \cdots, A_n \in \mathfrak{F}$, $P(A_1 A_2 \cdots A_{n-1}) > 0$, 则

$$P(A_1 A_2 \cdots A_n) = P(A_1)P(A_2|A_1) \cdots P(A_n|A_1 A_2 \cdots A_{n-1}).$$

证明　在等式右边应用条件概率表达式, 经化简后可得.　□

注记 1.5　设 $A_1, A_2, \cdots, A_n \in \mathfrak{F}$, $B \in \mathfrak{F}$, $P(B) > 0$, $P(A_1 A_2 \cdots A_{n-1}|B) > 0$, 则

$$P(A_1 A_2 \cdots A_n|B) = P(A_1|B)P(A_2|A_1 B) \cdots P(A_n|A_1 A_2 \cdots A_{n-1} B).$$

例 1.6 (**波利亚罐子**) 设一个罐子中有 b 个黑球, r 个红球, 每次随机从中取出一个球, 取出后将它放回, 然后在罐子中加入 c 个与之同颜色的球和 d 个异色

球. 现从罐子中连续取出三个球, 试求"第一次取出的球是黑色, 另外两次取出的球是红色"的概率.

解 令 B_i 为"第 i 次取出的球是黑球", R_j 为"第 j 次取出的球是红球". 由乘法公式和古典概型定义, 有

$$P(B_1 R_2 R_3) = P(B_1) P(R_2 | B_1) P(R_3 | B_1 R_2)$$
$$= \frac{b}{b+r} \cdot \frac{r+d}{b+r+c+d} \cdot \frac{r+d+c}{b+r+2c+2d}. \qquad \square$$

类似地, 读者可以求出"第一次和第三次取出的球是红色, 另外一次取出的球是黑色"和"第一次和第二次取出的球是红色, 第三次取出的球是黑色"的概率, 从中可以发现以上概率与黑球被取的顺序有关. 另外, 这个例子有很多的变体. 例如, 当 $c = -1$, $d = 0$ 时, 它就是一个不返回抽样随机试验; 当 $c = 0$, $d = 0$ 时, 它是一个返回抽样随机试验; 当 $c > 0$, $d = 0$ 时, 它可以模拟疾病的传染.

1.4.2 全概率公式

"化整为零"是一种常见的计算方法. 全概率公式体现了这个思想, 为计算事件概率提供了一个简洁的方案.

定义 1.7 设 Ω 为一个样本空间, $\mathfrak{F}$ 为事件域, $B_1, B_2, \cdots, B_n \in \mathfrak{F}$, 称 $B_1, B_2, \cdots, B_n$ 为样本空间 Ω 的一个分割, 如果:

(1) $B_i B_j = \varnothing, i \neq j$;

(2) $\bigcup_{i=1}^{n} B_i = \Omega$.

定理 1.5 (全概率公式) 给定概率空间 $(\Omega, \mathfrak{F}, P)$, $A \in \mathfrak{F}$, $B_1, B_2, \cdots, B_n$ 为样本空间 Ω 的一个分割, $P(B_i) > 0$, 那么

$$P(A) = \sum_{i=1}^{n} P(A | B_i) P(B_i).$$

证明 易知 $A = A\Omega = A\left(\bigcup_{i=1}^{n} B_i\right) = \bigcup_{i=1}^{n} (AB_i)$. 由于 $B_1, B_2, \cdots, B_n$ 为样本空间 Ω 的一个分割, 故有 $(AB_i) \cap (AB_j) = \varnothing$. 因此,

$$P(A) = P\left(\bigcup_{i=1}^{n} (AB_i)\right)$$
$$= \sum_{i=1}^{n} P(AB_i)$$
$$= \sum_{i=1}^{n} P(A | B_i) P(B_i). \qquad \square$$

全概率公式的维恩图见图 1.4. 特别地, 若样本空间 Ω 的分割为 B 和 $\overline{B}$, 则由全概率公式得

$$P(A) = P(A|B)P(B) + P(A|\overline{B})P(\overline{B}).$$

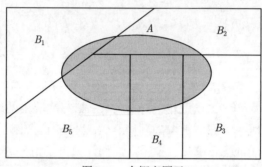

图 1.4   全概率图示

注记 1.6   设 $A, C \in \mathfrak{F}$, $B_1, B_2, \cdots, B_n$ 为样本空间 Ω 的一个分割, $P(B_i \cap C) > 0$, 那么

$$P(A|C) = \sum_{i=1}^{n} P(A|B_i \cap C)P(B_i|C).$$

例 1.7 (敏感性问题调查)   设计一个调查方案, 从调查数据中估计一个包含 n 个人的人群中曾有过某种敏感性行为 (如考试作弊) 的比率.

对于敏感性问题的调查, 一旦调查方案不合理, 被调查者就会拒绝配合, 所得调查数据也将失去真实性. 因此, 设计一个合理的调查方案关键在于要尽可能地减少被调查者的顾虑, 使他们确信在调查过程中不会泄露个人的隐私, 并如实回答调查问题. 为此, 我们可以设计以下调查问卷:

A: 你的生日是否在 7 月 1 日之前?

B: 你是否有过某种敏感性行为?

并且要求:

- 在一个盒子中放入一定数量的白球和红球, 被调查者从盒子中随机抽取一球, 看完颜色后立即放回. 若取到白球, 则回答问题 A; 反之则回答问题 B;
- 被调查者在没有旁人的情况下独自回答问题.

假设盒子中红球的比率为 x, n 张答卷中有 k 张回答为 "是". 现在我们分析调查结果. 显然我们对问题 A 不感兴趣, 同时我们不知道 k 张肯定性回答中有多少是回答问题 B 的. 令 Y 为 "肯定性回答", W 为 "取到白球", R 为 "取到红球", 由全概率公式, 有

$$P(Y) = P(Y|W)P(W) + P(Y|R)P(R),$$

因此,

$$P(Y|R) = \frac{P(Y) - P(Y|W)P(W)}{P(R)}.$$

由于当 n 较大时群体中个体的生日在 7 月 1 日之前的概率为 0.5, 故

$$P(Y|R) = \frac{\dfrac{k}{n} - 0.5(1-x)}{x},$$

我们可以将它作为调查的结论. 特别地, 当盒子中红球的比率为 0.6, $n = 1583$, $k = 389$ 时, $P(Y|R) = 0.0762$.

1.4.3 贝叶斯定理

在条件概率和全概率公式的基础上, 我们可以得到另一个重要的公式.

定理 1.6 (贝叶斯定理) 给定概率空间 $(\Omega, \mathfrak{F}, P)$, $A \in \mathfrak{F}$, $B_1, B_2, \cdots, B_n$ 为样本空间 Ω 的一个分割, $P(A) > 0$, $P(B_i) > 0$, $i = 1, \cdots, n$, 那么

$$P(B_i|A) = \frac{P(A|B_i)P(B_i)}{\sum\limits_{j=1}^{n} P(A|B_j)P(B_j)}.$$

证明 由条件概率定义、乘法公式和全概率公式可得.   □

注记 1.7 在贝叶斯公式中, $P(B_i)$ 通常称为**先验概率**, $P(B_i|A)$ 称为**后验概率**; 后者是在事件 A 条件下对前者的修正. 因此, 贝叶斯公式可视为信念修正的公式.

注记 1.8 在归纳逻辑中我们也可以应用这些概念讨论证据的分类: A 为 B_i 的正面证据, 如果 $P(B_i|A) > P(B_i)$; A 为 B_i 的负面证据, 如果 $P(B_i|A) < P(B_i)$; A 与 B_i 中立, 如果 $P(B_i|A) = P(B_i)$.

注记 1.9 设 $A, C \in \mathfrak{F}$, $B_1, B_2, \cdots, B_n$ 为样本空间 Ω 的一个分割, $P(A \cap C) > 0$, $P(B_i \cap C) > 0$, $i = 1, \cdots, n$, 那么

$$P(B_i|A \cap C) = \frac{P(A|B_i \cap C)P(B_i|C)}{\sum\limits_{j=1}^{n} P(A|B_j \cap C)P(B_j|C)}.$$

例 1.8 假设某工厂产品的正品率为 0.96, 使用某种简易的验收方法后, 以 0.98 的概率把为正品的产品判定是正品, 而以 0.05 的概率把本来是次品的产品误判为正品. 试求经简易验收被认为是正品的产品确实是正品的概率.

解　令 B_1 为"产品实际为正品", B_2 为"产品实际为次品", A 为"经简易验收被判定为正品". 由题意知, $P(B_1) = 0.96$, $P(B_2) = 0.04$, $P(A|B_1) = 0.98$, $P(A|B_2) = 0.05$. 显然, B_1, B_2 为样本空间的一个分割, 由贝叶斯公式, 有

$$P(B_1|A) = \frac{P(A|B_1)P(B_1)}{P(A|B_1)P(B_1) + P(A|B_2)P(B_2)}$$
$$= 0.998.$$

□

1.5　独　立　性

两个事件之间的独立性是指一个事件的发生不会影响另一个事件的发生. 从概率的角度看, 它的意思是一个事件的发生并不会改变另一个事件的概率, 例如, $P(A|B) = P(A)$, $P(B) > 0$. 若 $P(A) > 0$, 由这个等式得 $P(AB) = P(A)P(B)$, 进而得到 $P(B|A) = P(B)$. 因此, 我们可以发现: ①事件的独立性是相互的; ②若 A, B 的概率大于零, 则上述三个等式是等价的.

值得注意的是, 当 $P(A) = 0$ 或 $P(B) = 0$, 等式 $P(AB) = P(A)P(B)$ 仍然成立. 直观上, 不可能事件和任意事件是相互独立的. 因此, 我们可以作如下定义.

定义 1.8(独立事件)　设 $(\Omega, \mathfrak{F}, P)$ 为一个概率空间, $A, B \in \mathfrak{F}$, 如果 $P(AB) = P(A)P(B)$, 那么称事件 A 和 B 是相互独立的.

例 1.9　考虑古典型随机试验 E: 同时掷一枚硬币和一枚骰子, 记 A 为"硬币掷出正面", B 为"骰子掷出偶数点", 验证 A 和 B 是相互独立的.

显然, 随机试验 E 的样本空间包含 12 个样本点, A 和 B 分别包含 6 个样本点, AB 包含 3 个样本点. 因此, $P(A) = P(B) = 1/2$, $P(AB) = 1/4$, 可知 $P(AB) = P(A)P(B)$, 故 A 和 B 独立.

定理 1.7　若事件 A 与 B 独立, 则 A 和 $\overline{B}$ 独立, $\overline{A}$ 和 B 独立, $\overline{A}$ 和 $\overline{B}$ 独立.

证明　由于 $A\overline{B} = A - AB$, 故

$$\begin{aligned}
P(A\overline{B}) &= P(A - AB) \\
&= P(A) - P(AB) \quad (AB \subset A) \\
&= P(A) - P(A)P(B) \quad (A \text{ 与 } B \text{ 独立}) \\
&= P(A)P(\overline{B}).
\end{aligned}$$

因此, A 和 $\overline{B}$ 独立. 其他的证明留给读者作为练习.　　　　　　　　　□

我们可以进一步给出多个事件的相互独立性.

定义 1.9　设 $(\Omega, \mathfrak{F}, P)$ 为一个概率空间, $A, B, C \in \mathfrak{F}$, 如果

$$P(AB) = P(A)P(B), \quad P(BC) = P(B)P(C),$$
$$P(AC) = P(A)P(C), \quad P(ABC) = P(A)P(B)P(C),$$

则称 A, B, C 相互独立.

注记 1.10　给定三个事件, 它们是两两独立的, 但这三个事件有可能不是相互独立的; 也就是说, 由定义 1.9中前三个条件并不能够推导出第四个条件.

例 1.10　假设一个盒子盛有标有编号的四个球, 某人随机从盒子中取出一个球. 记事件 A 为 "取出 1 号球或 2 号球", 事件 B 为 "取出 1 号球或 3 号球", 事件 C 为 "取出 1 号球或 4 号球". 请确定①事件 A, B, C 是否两两独立, ②A, B, C 是否独立.

解　令 A_i 为取出第 i 号球, $i = 1, 2, 3, 4$. 显然 $P(A_i) = \dfrac{1}{4}$,

$$A = A_1 \cup A_2, \ B = A_1 \cup A_3, \ C = A_1 \cup A_4,$$

且 A_i 互不相容. 故 $P(A) = P(B) = P(C) = \dfrac{1}{2}$.

此外, $AB = AC = BC = ABC = A_1$, 故

$$P(AB) = P(AC) = P(BC) = P(ABC) = P(A_1) = \dfrac{1}{4}.$$

从而

$$P(AB) = P(A)P(B), \ P(AC) = P(A)P(C), \ P(BC) = P(B)P(C),$$

故 A, B, C 两两独立.

但是, $P(ABC) = \dfrac{1}{4}$, 而 $P(A)P(B)P(C) = \dfrac{1}{8}$, 显然

$$P(ABC) \neq P(A)P(B)P(C).$$

因此, A, B, C 不是相互独立的. 　　　　　　　　　　　　　　　　　□

类似地, 我们可以定义 n 个事件的相互独立性概念.

1.6　文献注释

本章主要参考了文献 [3], [4], [17]. 波利亚罐子例子和应用全概率讨论敏感性问题调查来源于文献 [3]. 由于概率是一种特殊的测度, 有实分析方面的基础可帮助读者更深入地了解概率论, 推荐有拓展兴趣的读者可阅读文献 [1] 或 [7].

习　题

1. 随机试验 E: 把一枚硬币连续掷两次, 1 表示"正面朝上", 0 表示"反面朝上". 试描绘对应于 E 的概率空间.

2. 已知 $P(A) = p$, $P(B) = q$, $P(AB) = r$, 试求事件 $\overline{A} \cup \overline{B}$, $\overline{A} \cap \overline{B}$, $\overline{A} \cup B$, $\overline{AB}$ 和 $\overline{A}(A \cup B)$ 的概率.

3. 证明一般加法公式: 对于任意事件 $A_1, A_2, \cdots, A_n \in \mathfrak{F}$,
$$P\left(\bigcup_{i=1}^{n} A_i\right) = \sum_{i=1}^{n} P(A_i) - \sum_{i<j} P(A_i A_j) + \sum_{i<j<k} P(A_i A_j A_k) + \cdots$$
$$+ (-1)^{n-1} P(A_1 A_2 \cdots A_n).$$

4. 假设甲和乙两个箱子分别装有 m_1 和 m_2 个白球、n_1 和 n_2 个黑球. 现在从每个箱子中各任意取出一个球, 再从取出的两个球中任取一球, 试求此球为白球的概率.

5. 某人从 O 点出发, 随意沿四条路之一前进, 当他到 A_1、A_2、A_3 和 A_4 中任一结点时, 他在前进方向的各条路线中任意选择一条继续前进. 试求他能到达 A 点的概率.

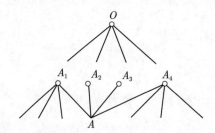

6. 在长度为 a 的线段内任取两点将其分为三段. 求它们可以构成一个三角形的概率.

7. 甲乙两人进行乒乓球比赛, 设每局胜负是相互独立的, 每局甲胜的概率为 p, $p \geqslant 1/2$. 问对甲而言, 是采用三局二胜制有利, 还是五局三胜制有利? 请证明你的结论.

8. 某学生连续参加同一课程的两次考试, 第一次考试及格的概率为 p, 若第一次及格, 则第二次及格的概率也为 p; 若第一次不及格, 则第二次及格的概率为 $p/2$. (a) 试求他至少有一次及格的概率; (b) 若他第二次及格, 求他第一次及格的概率.

9. 设 $P(A|B) > P(A|\overline{B})$, 试证 $P(B|A) > P(B|\overline{A})$.

10. 设 A, B, C 为事件. 证明:
    (a) 若 $P(A) > 0$, 则 $P(AB|A) \geqslant P(AB|A \cup B)$;
    (b) 若 $P(A|B) = 1$, 则 $P(\overline{B}|\overline{A}) = 1$;
    (c) 若 $P(A|C) \geqslant P(B|C)$, $P(A|\overline{C}) \geqslant P(B|\overline{C})$, 则 $P(A) \geqslant P(B)$.

11. 设 A, B, C 相互独立, 试证 $A - B$ 与 C 独立.

12. 某人忘了电话号码的最后一个数字, 因此他随意地拨最后一个号码, 试求他拨号不超过三次接通所需电话的概率.

13. 将两个信息分别编码为 A 和 B 传送出去, 接收站收到时, A 被误收作 B 的概率为 0.02, 而 B 被误收作 A 的概率为 0.01, 信息 A 与 B 传送的频率程度为 $2:1$. 若接收站收到的信息是 A, 问原发信息为 A 的概率是多少?

14. 通过信道分别以概率 p_1, p_2 和 $p_3(p_1+p_2+p_3=1)$ 传递 $AAAA$, $BBBB$, $CCCC$ 三种信号. 假设每个字母被正确接收的概率为 x, 而被错误接收为其余字母的概率为 $(1-x)/2$. 试求接收到 $ABCA$ 时, 实际发送信号为 $AAAA$ 的概率.

15. "狼来了" 是一个广为熟知的寓言故事, 请应用贝叶斯公式解释人们为什么不相信总是说谎的人.

第 2 章 一维随机变量及其分布

2.1 随 机 变 量

样本空间中的元素可能是数字, 也可能不是. 为了更方便地讨论随机性, 我们有必要将随机现象的结果数量化, 这就是引入随机变量的动机.

让我们先看一个例子. 考虑随机试验 E: 检查三个产品, 显然 E 的样本空间为 $\Omega = \{\omega_1 = (0,0,0), \omega_2 = (1,0,0), \omega_3 = (0,1,0), \omega_4 = (0,0,1), \omega_5 = (0,1,1), \omega_6 = (1,0,1), \omega_7 = (1,1,0), \omega_8 = (1,1,1)\}$, 其中 0 表示合格品, 1 表示不合格品. 记 X 为三个产品中的不合格个数, 那么 X 可以看作定义在样本空间上的实值函数.

定义 2.1   假设 $(\Omega, \mathfrak{F}, P)$ 是一个概率空间, $X = X(\omega)$, 是定义在样本空间 Ω 上的单值实函数, 如果对于任意实数 x, $\{\omega : X(\omega) \leqslant x\} \in \mathfrak{F}$, 则称 $X = X(\omega)$ 为随机变量.

通常, 我们用大写英文字母表示随机变量, 其取值用小写英文字母来表示. 如果一个随机变量的取值为有限个或可数个, 那么称之为离散型随机变量; 若一个随机变量在一个区间内取值, 则称之为连续型随机变量.

定理 2.1   假设 $(\Omega, \mathfrak{F}, P)$ 是一个概率空间, $X = X(\omega)$, 是定义在样本空间 Ω 上的随机变量, 那么对于任意实数 $a, b, a \leqslant b$,

$$\{\omega : a < X(\omega) \leqslant b\}, \quad \{\omega : X(\omega) = a\},$$
$$\{\omega : a < X(\omega) < b\}, \quad \{\omega : a \leqslant X(\omega) < b\},$$
$$\{\omega : a \leqslant X(\omega) \leqslant b\}, \quad \{\omega : X(\omega) < a\},$$
$$\{\omega : X(\omega) > a\}, \quad \{\omega : X(\omega) \geqslant a\},$$

都是 $\mathfrak{F}$ 中的元素.

证明   易见:

$$\{\omega : a < X(\omega) \leqslant b\} = \{\omega : X(\omega) \leqslant b\} - \{\omega : X(\omega) \leqslant a\};$$

$$\{\omega : X(\omega) = a\} = \bigcap_{i=1}^{\infty} \left\{\omega : a - \frac{1}{i} < X(\omega) \leqslant a\right\};$$

$$\{\omega : a < X(\omega) < b\} = \{\omega : a < X(\omega) \leqslant b\} - \{\omega : X(\omega) = b\};$$

$$\{\omega : a \leqslant X(\omega) < b\} = \{\omega : a < X(\omega) < b\} \cup \{\omega : X(\omega) = a\};$$

$$\{\omega : a \leqslant X(\omega) \leqslant b\} = \{\omega : a < X(\omega) \leqslant b\} \cup \{\omega : X(\omega) = a\};$$

$$\{\omega : X(\omega) < a\} = \{\omega : X(\omega) \leqslant a\} - \{\omega : X(\omega) = a\};$$

$$\{\omega : X(\omega) > a\} = \Omega - \{\omega : X(\omega) \leqslant a\};$$

$$\{\omega : X(\omega) \geqslant a\} = \{\omega : X(\omega) > a\} \cup \{\omega : X(\omega) = a\}.$$

由定义 2.1, 有 $\{\omega : X(\omega) \leqslant a\} \in \mathfrak{F}$, $\{\omega : X(\omega) \leqslant b\} \in \mathfrak{F}$, 故上述等式左边集合均属于 $\mathfrak{F}$. □

以下, 我们将 $\{\omega : X(\omega) \leqslant x\}$ 简记为 $\{X \leqslant x\}$.

2.2 随机变量的分布函数

2.2.1 分布函数的定义及其性质

为了考察随机变量 X 的规律性, 我们需要讨论 X 各种取值的概率. 根据定理 2.1, 对于任意实数 x, 我们知道 $\{X \leqslant x\}$ 的概率就够了.

定义 2.2 (分布函数) 假设 X 为概率空间 $(\Omega, \mathfrak{F}, P)$ 上的随机变量, x 是任意实数, 函数 $F(x) = P\{X \leqslant x\}$ 称为随机变量 X 的分布函数.

由上述定义, 随机变量 X 的分布函数值即为随机变量取值不大于 x 的概率. 因此, 分布函数实际上是向下的累积函数, 它具有以下性质.

定理 2.2 假设 X 为概率空间 $(\Omega, \mathfrak{F}, P)$ 上的随机变量, 函数 $F(x)$ 为随机变量 X 的分布函数, 那么

(1) 单调性: $F(x)$, $x \in R$, 是一个单调不减函数.

(2) 有界性: 对于任意 x, 有 $0 \leqslant F(x) \leqslant 1$, 且 $F(-\infty) = \lim\limits_{x \to -\infty} F(x) = 0$, $F(+\infty) = \lim\limits_{x \to +\infty} F(x) = 1$.

(3) 右连续性: $F(x)$ 是 x 的右连续函数, 即对于任意 x, 有 $\lim\limits_{x \to x_0^+} F(x) = F(x_0)$.

证明 根据分布函数的定义和概率的单调性可知 (1) 成立. 下面证明有界性.

由分布函数的定义, 有 $0 \leqslant F(x) \leqslant 1$. 又由 $F(x)$ 的单调性, 对于任意整数 m 和 n, 有

$$\lim_{x \to -\infty} F(x) = \lim_{m \to -\infty} F(m), \quad \lim_{x \to +\infty} F(x) = \lim_{n \to +\infty} F(n).$$

根据概率的可列可加性,

$$1 = P\{-\infty < X < +\infty\}$$

$$= P \left(\bigcup_{i=-\infty}^{+\infty} \{i - 1 < X \leqslant i\} \right)$$

$$= \sum_{i=-\infty}^{+\infty} P\{i - 1 < X \leqslant i\}$$

$$= \lim_{n \to +\infty} F(n) - \lim_{m \to -\infty} F(m).$$

故有: $\lim\limits_{x \to -\infty} F(x) = 0$, $\lim\limits_{x \to +\infty} F(x) = 1$.

最后证明右连续性. 根据 (1), 对于任意 x_0, 分布函数的右极限 $F(x_0 + 0)$ 存在, 要证右连续性, 我们只要证明: 对于数列 $x_1 > x_2 > \cdots > x_n > \cdots > x_0$, 当 $x_n \to x_0$ 时, $\lim\limits_{n \to +\infty} F(x_n) = F(x_0)$. 由于

$$F(x_1) - F(x_0) = P\{x_0 < X \leqslant x_1\}$$

$$= P \left(\bigcup_{i=1}^{+\infty} \{x_{i+1} < X \leqslant x_i\} \right)$$

$$= \sum_{i=1}^{+\infty} P\{x_{i+1} < X \leqslant x_i\}$$

$$= \sum_{i=1}^{+\infty} (F(x_i) - F(x_{i+1}))$$

$$= \lim_{n \to +\infty} (F(x_1) - F(x_n))$$

$$= F(x_1) - \lim_{n \to +\infty} F(x_n),$$

因此, $F(x_0) = \lim\limits_{n \to +\infty} F(x_n)$. □

定理 2.3 假设 $(\Omega, \mathfrak{F}, P)$ 是一个概率空间, X 是定义在样本空间 Ω 上的随机变量, 那么对于任意实数 $a, b, a \leqslant b$,

$$P\{a < X \leqslant b\} = F(b) - F(a);$$

$$P\{X = a\} = F(a) - F(a - 0);$$

$$P\{a < X < b\} = F(b - 0) - F(a);$$

$$P\{a \leqslant X < b\} = F(b - 0) - F(a - 0);$$

$$P\{a \leqslant X \leqslant b\} = F(b) - F(a - 0);$$

$$P\{X < a\} = F(a - 0);$$

$$P\{X > a\} = 1 - F(a);$$

$$P\{X \geqslant a\} = 1 - F(a-0).$$

证明　首先证第二个等式, 其余的部分留给读者完成. 由概率的连续性可知:

$$
\begin{aligned}
P\{X = a\} &= P\left(\bigcap_{n=1}^{+\infty}\left\{a - \frac{1}{n} < X \leqslant a\right\}\right) \\
&= \lim_{n \to +\infty} P\left\{a - \frac{1}{n} < X \leqslant a\right\} \\
&= \lim_{n \to +\infty}\left(F(a) - F\left(a - \frac{1}{n}\right)\right) \\
&= F(a) - \lim_{n \to +\infty} F\left(a - \frac{1}{n}\right) \\
&= F(a) - F(a-0).
\end{aligned}
$$

例 2.1　向半径为 r 的圆内随机地抛一点, 求此点到圆心的距离 X 的分布函数和 $P\{X > 2r/3\}$.

解　事件 $\{X \leqslant x\}$ 表示所抛的点落在半径为 x 的圆内, $0 \leqslant x \leqslant r$, 故有

$$F(x) = P\{X \leqslant x\} = \frac{\pi x^2}{\pi r^2} = \frac{x^2}{r^2},$$

从而有

$$P\{X > 2r/3\} = 1 - P\{X \leqslant 2r/3\} = 5/9.$$

2.2.2　离散型随机变量的分布函数

给定一个随机变量, 当它的取值为有限个或可数个时, 我们称它为离散型随机变量. 要掌握一个离散型随机变量 X 的统计规律, 我们需要知道 X 的概率分布列.

定义 2.3　设 X 是一个离散型随机变量, 如果它的可能取值为 $x_1, x_2, \cdots,$ $x_n, \cdots$, 则称 X 取 x_i 的概率

$$P\{X = x_i\} = p_i, i = 1, 2, \cdots,$$

为 X 的概率分布列, 简称为分布列, 记为 $X \sim \{p_i\}$.

分布列也可以用列表的方式来表示 (表 2.1). 在离散型随机变量的分布列定义中, p_i 需要满足: $p_i \geqslant 0$, $\sum\limits_{i=1}^{+\infty} p_i = 1$. 根据分布函数定义, 离散型随机变量 X 的分布函数为

$$F(x) = \sum_{x_i \leqslant x} p_i.$$

它的图像呈一个阶梯形状.

表 2.1   概率分布列

X	x_1	x_2	$\cdots$	x_n	$\cdots$
P	p_1	p_2	$\cdots$	p_n	$\cdots$

例2.2   设离散型随机变量 X 的分布列为表 2.2. 试求 $P\{X \leqslant 0.5\}$, $P\{1.5 < X \leqslant 2.5\}$, $F(x)$.

表 2.2 X 的分布列

X	-1	2	3
P	0.25	0.5	0.25

解   由 X 的分布列, 有

$$P\{X \leqslant 0.5\} = P\{X = -1\} = 0.25,$$

$$P\{1.5 < X \leqslant 2.5\} = P\{X = 2\} = 0.5,$$

$$F(x) = \begin{cases} 0, & x < -1; \\ 0.25, & -1 \leqslant x < 2; \\ 0.75, & 2 \leqslant x < 3; \\ 1, & x \geqslant 3. \end{cases}$$

图 2.1为该分布函数的图像, 它显然是一个阶梯形状的.

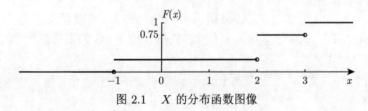

图 2.1 X 的分布函数图像

2.2.3   连续型随机变量的分布函数

一个随机变量在一个区间内取值, 在这个区间内有无穷个不可列的元素, 该随机变量是一个连续型随机变量. 显然, 连续型随机变量的随机特性不能用分布列来描述, 但是我们可以借助一个函数, 类似地给出连续型随机变量分布.

定义 2.4   设 X 是一个连续型随机变量, 如果存在一个非负可积函数 $p(x)$, 使得对任意实数 x, 有

$$F(x) = \int_{-\infty}^{x} p(t)\mathrm{d}t,$$

则称 $F(x)$ 为连续型随机变量 X 的分布函数, $p(x)$ 为 X 的概率密度函数, 简称为概率密度.

需要注意的是, 概率密度具有以下性质:

(1) 非负性: $p(x) \geqslant 0$;

(2) 正则性: $\displaystyle\int_{-\infty}^{+\infty} p(x)\mathrm{d}x = 1$.

从定义 2.4可知: $F(x)$ 是一个 "累积" 的概率, 并且在 $F(x)$ 导数存在的点上有 $F'(x) = p(x)$.

例 2.3　设随机变量 X 的概率密度为

$$p(x) = \begin{cases} kx, & 0 \leqslant x < 3; \\ 2 - \dfrac{x}{2}, & 3 \leqslant x < 4; \\ 0, & \text{其他}. \end{cases}$$

(1) 求常数 k; (2) 求 X 的分布函数; (3) 求 $P\left\{1 < X \leqslant \dfrac{7}{2}\right\}$.

解　(1) 根据概率密度的正则性,

$$\int_0^3 kx\mathrm{d}x + \int_3^4 \left(2 - \frac{x}{2}\right)\mathrm{d}x = 1,$$

得 $k = \dfrac{1}{6}$.

(2) 由定义 2.4, X 的分布函数为

$$F(x) = \begin{cases} 0, & x < 0; \\ \displaystyle\int_0^x \frac{x}{6}\mathrm{d}x, & 0 \leqslant x < 3; \\ \displaystyle\int_0^3 \frac{x}{6}\mathrm{d}x + \int_3^x \left(2 - \frac{x}{2}\right)\mathrm{d}x, & 3 \leqslant x < 4; \\ 1, & x \geqslant 4. \end{cases}$$

即

$$F(x) = \begin{cases} 0, & x < 0; \\ \dfrac{x^2}{12}, & 0 \leqslant x < 3; \\ -\dfrac{x^2}{4} + 2x - 3, & 3 \leqslant x < 4; \\ 1, & x \geqslant 4. \end{cases}$$

(3) 由分布函数定义, $P\left\{1 < X \leqslant \dfrac{7}{2}\right\} = F\left(\dfrac{7}{2}\right) - F(1) = \dfrac{41}{48}$.　　　　□

设 X 是一个随机变量, 那么 $Y = g(X)$ 也是如此. 一个自然的问题是: 给定随机变量 X 的分布, 如何确定随机变量 Y 的分布?

定理 2.4　设随机变量 X 的概率密度为 $p_X(x)$, $Y = g(X)$ 是另一个随机变量. 若 $y = g(x)$ 严格单调, 其反函数 $h(x)$ 有连续导函数, 则 $Y = g(X)$ 的概率密度为

$$p_Y(y) = \begin{cases} p_X[h(y)]|h'(y)|, & a < y < b; \\ 0, & \text{其他.} \end{cases}$$

这里 $a = \min\{g(-\infty), g(+\infty)\}, b = \max\{g(-\infty), g(+\infty)\}$.

证明　不妨设 $g(x)$ 为严格单调增函数, 那么它的反函数 $h(x)$ 亦为单调增函数, 且 $h'(y) > 0$. 于是,

(1) 当 $y < a$ 时, $F_Y(y) = P\{Y \leqslant y\} = 0$;

(2) 当 $y > b$ 时, $F_Y(y) = P\{Y \leqslant y\} = 1$;

(3) 当 $a \leqslant y \leqslant b$ 时, $F_Y(y) = P\{Y \leqslant y\} = P\{g(X) \leqslant y\} = P\{X \leqslant h(y)\} =$
$\displaystyle\int_{-\infty}^{h(y)} p_X(x)\mathrm{d}x$.

因此,

$$p_Y(y) = \begin{cases} p_X[h(y)]h'(y), & a < y < b; \\ 0, & \text{其他.} \end{cases}$$

当 $g(x)$ 为严格单调减函数时, 同理可证以下结论成立,

$$p_Y(y) = \begin{cases} p_X[h(y)][-h'(y)], & a < y < b; \\ 0, & \text{其他.} \end{cases}$$

故命题得证.　　　　□

例 2.4　设随机变量 X 的概率密度为

$$p_X(x) = \begin{cases} \dfrac{x}{8}, & 0 \leqslant x < 4; \\ 0, & \text{其他.} \end{cases}$$

求随机变量 $Y = 2X + 8$ 的概率密度.

解　由定理 2.4, 随机变量 Y 的概率密度为

$$p_Y(y) = \begin{cases} p_X\left(\dfrac{y-8}{2}\right)\left(\dfrac{y-8}{2}\right)', & 0 \leqslant \dfrac{y-8}{2} < 4; \\ 0, & \text{其他;} \end{cases}$$

$$= \begin{cases} \dfrac{1}{8} \times \dfrac{y-8}{2} \times \dfrac{1}{2}, & 0 \leqslant \dfrac{y-8}{2} < 4; \\ 0, & \text{其他}; \end{cases}$$

$$= \begin{cases} \dfrac{y-8}{32}, & 8 \leqslant y < 16; \\ 0, & \text{其他}. \end{cases} \qquad \square$$

前面两小节介绍了离散型和连续型随机变量的分布函数及其性质, 我们可以看到这两类分布函数都是 "累积的概率", 这里需指出它们的一些相异之处.

(1) 给定一个连续型随机变量的分布函数 $F(x)$, 对于任意点 x, 当 $\Delta x \to 0$ 时, 有

$$F(x + \Delta x) - F(x) = \int_x^{x+\Delta x} p(x)\mathrm{d}x \to 0,$$

因此, 连续型随机变量的分布函数 $F(x)$ 是实数集上的连续函数. 而离散型随机变量的分布函数则是一个右连续的阶梯函数.

(2) 连续型随机变量 X 在点 x 的概率为

$$P\{X = x\} = \int_x^x p(x)\mathrm{d}x = 0,$$

因此, 连续型随机变量 X 在任意点 x 的概率恒为零. 而对于离散型随机变量来说, 情况并非如此.

(3) 由于连续型随机变量 X 在任意点 x 的概率恒为零, 因此, 在一个事件中减去一个单点集之后并不会影响该事件的概率, 例如:

$$P\{a \leqslant X \leqslant b\} = P\{a < X \leqslant b\} = P\{a \leqslant X < b\}.$$

这个性质给讨论连续型随机变量的概率带来方便. 而对于离散型随机变量来说, 概率的计算需要考虑合乎条件的每个点.

2.3　随机变量的数字特征

为了描述随机变量的随机特性, 我们引入了分布列、概率密度和分布函数概念, 但在某些实际或理论问题中, 人们对于那些能够描述随机变量的某种特征数感兴趣. 例如, 在某个项目中, 投资人所获得的投资收益是一个随机变量, 他可能要考虑这项投资的平均收益, 或投资收益与平均收益的偏离程度. 而这些特征数需要我们进一步探讨. 本节只介绍数学期望和方差两个概念及其相关的性质.

2.3.1 数学期望

求"均值"通常有两种方法: 其一是算术平均, 即 n 个数的和与 n 的比值; 其二是加权平均, 即 n 个数分别与其权重值相乘后的求和. 例如, 某老师设置如下权重对学生进行学科期末总评: 期中考试成绩占 30%, 期末考试成绩占 50%, 平时成绩占 20%, 假如某人期中考试成绩为 84, 期末考试成绩为 92, 平时成绩为 91, 那么该学生的总评分 (加权平均) 为 $84 \times 0.3 + 92 \times 0.5 + 91 \times 0.2 = 89.4$; 如果视它们的权重值相等, 那么总评分 (算术平均) 就是 $(84+92+91)/3=89$.

在随机变量的加权平均中, 若把概率看作权重, 则我们便可以得到该随机变量的数学期望: 它是表征随机变量所有可能取值的平均水平的数字特征.

定义 2.5   设离散型随机变量 X 的分布列为 $P\{X = x_i\} = p(x_i), i = 1, 2, \cdots$, 如果

$$\sum_{i=1}^{+\infty} |x_i| p(x_i) < +\infty,$$

则称

$$E(X) = \sum_{i=1}^{+\infty} x_i p(x_i)$$

为随机变量 X 的数学期望.

请注意, 数学期望存在的前提是上述定义中级数是绝对收敛的. 类似地, 我们可以进一步给出连续型随机变量数学期望的定义.

定义 2.6   设连续型随机变量 X 的概率密度为 $p(x)$, 如果

$$\int_{-\infty}^{+\infty} |x| p(x) \mathrm{d}x < +\infty,$$

则称

$$E(X) = \int_{-\infty}^{+\infty} x p(x) \mathrm{d}x$$

为随机变量 X 的数学期望.

例 2.5   设随机变量 X 服从 (a, b) 上的均匀分布, 求 $E(X)$.

解   根据题意, X 的概率密度为

$$p(x) = \begin{cases} \dfrac{1}{b-a}, & a < x < b; \\ 0, & \text{其他.} \end{cases}$$

由数学期望定义,

$$E(X) = \int_a^b x \frac{1}{b-a} \mathrm{d}x = \frac{a+b}{2}. \qquad \square$$

给定一个随机变量 X, 那么 $Y = g(X)$ 也是一个随机变量. 此时在 X 的分布列或者概率密度的基础上, 我们可以确定随机变量 Y 的数学期望.

定理 2.5 设 X 为一个随机变量, $Y = g(X)$, 这里 g 为连续函数,

(1) 若 X 是离散型随机变量, 其分布列为 $P\{X = x_i\} = p(x_i), i = 1, 2, \cdots$, 且 $\sum\limits_{i=1}^{+\infty} |g(x_i)| p(x_i) < +\infty$, 则

$$E(Y) = E(g(X)) = \sum_{i=1}^{+\infty} g(x_i) p(x_i).$$

(2) 若 X 是连续型随机变量, 其概率密度为 $p(x)$, 若 $\int_{-\infty}^{+\infty} |g(x)| p(x) \mathrm{d}x < +\infty$, 则

$$E(Y) = E(g(X)) = \int_{-\infty}^{+\infty} g(x) p(x) \mathrm{d}x.$$

该定理的证明比较复杂, 这里省略. 下面, 我们讨论数学期望的一些性质.

定理 2.6 给定一个随机变量 X, 若它的数学期望存在, 则

(1) 若 c 为常数, 则 $E(c) = c$;

(2) 对于任意常数 c, 有 $E(cX) = cE(X)$;

(3) 对于任意连续函数 $g_1(X)$ 和 $g_2(X)$, 有

$$E(g_1(X) + g_2(X)) = E(g_1(X)) + E(g_2(X)).$$

证明 根据数学期望的定义和定理 2.5可证. □

2.3.2 方差

数学期望刻画了随机变量取值的平均值, 该随机变量围绕着其数学期望波动, 但是这个特征数无法反映随机变量取值偏离其数学期望的程度. 例如, 假设 X 与 Y 的分布列分别为: $P\{X = -1\} = P\{X = 0\} = P\{X = 1\} = 1/3$; $P\{Y = -10\} = P\{Y = 0\} = P\{Y = 10\} = 1/3$, 它们的数学期望都等于零, 但是在直观上随机变量 Y 取值围绕着数学期望波动的程度要大. 因此, 我们有必要引入一个新的概念——方差来刻画这种特征.

给定一个随机变量 X, 假设它的数学期望 $E(X)$ 存在, 显然, $(X - E(X))^2$ 也是一个随机变量, 它的数学期望便可以刻画随机变量 X 取值波动的程度.

定义 2.7 设 X 是一个随机变量, 若 $E((X - E(X))^2)$ 存在, 则称它为 X 的方差, 记为 $D(X)$, $\sqrt{D(X)}$ 称为标准差.

如果 X 是离散型随机变量, 其分布列为 $P\{X = x_i\} = p(x_i), i = 1, 2, \cdots$, 那么根据方差的定义可知,

$$D(X) = E((X - E(X))^2) = \sum_{i=1}^{\infty} (x_i - E(X))^2 p(x_i).$$

对于连续型随机变量 X, 若它的概率密度为 $p(x)$, 则

$$D(X) = E((X - E(X))^2) = \int_{-\infty}^{+\infty} (x - E(X))^2 p(x)\mathrm{d}x.$$

例 2.6 设随机变量 X 服从 (a, b) 上的均匀分布, 求 $D(X)$.

解 根据题意, X 的概率密度为

$$p(x) = \begin{cases} \dfrac{1}{b-a}, & a < x < b; \\ 0, & \text{其他}. \end{cases}$$

由例 2.5, $E(X) = \dfrac{a+b}{2}$. 由方差的定义, 得

$$D(X) = \int_a^b \left(x - \frac{a+b}{2} \right)^2 \frac{1}{b-a}\mathrm{d}x.$$
$$= \frac{(b-a)^2}{12}. \qquad\qquad \Box$$

现在, 我们证明方差的一些重要性质.

定理 2.7 给定一个随机变量 X, 假设其方差存在, 则

(1) 若 c 为常数, 则 $D(c) = 0$;

(2) $D(X) = E(X^2) - (E(X))^2$;

(3) 若 a, b 为常数, 则 $D(aX + b) = a^2 D(X)$.

证明 (1) 和 (2) 由方差的定义和数学期望的性质可得.

(3) 根据方差的定义, 有

$$D(aX + b) = E((aX + b - E(aX + b))^2)$$
$$= E((a(X - E(X)))^2)$$
$$= a^2 D(X). \qquad\qquad \Box$$

定理 2.8 (切比雪夫不等式) 设随机变量 X 的数学期望和方差都存在, 则对任意 $\varepsilon > 0$, 有

$$P\{|X - E(X)| \geqslant \varepsilon\} \leqslant \frac{D(X)}{\varepsilon^2}.$$

证明 设 X 是一个连续型随机变量, 其概率密度为 $p(x)$, 则

$$P\{|X - E(X)| \geqslant \varepsilon\} = \int_{\{x : |x - E(X)| \geqslant \varepsilon\}} p(x)\mathrm{d}x$$

$$\leqslant \int_{\{x:|x-E(X)|\geqslant\varepsilon\}} \frac{(x-E(X))^2}{\varepsilon^2} p(x)\mathrm{d}x$$

$$\leqslant \frac{1}{\varepsilon^2} \int_{-\infty}^{+\infty} (x-E(X))^2 p(x)\mathrm{d}x$$

$$= \frac{D(X)}{\varepsilon^2}.$$

我们可以类似地证明: 当 X 是一个离散型随机变量时结论也成立.　　　　□

在概率论中, 我们可以称事件 "$\{|X-E(X)|\geqslant\varepsilon\}$" 为大偏差. 因此, 切比雪夫 (Chebyshev) 不等式给出了大偏差发生概率的上界, 它与方差是成正比的.

2.4　常用分布

2.4.1　二项分布

在 n 重独立重复试验中, 如果每次试验的结果为 A 或 $\overline{A}$, 那么称这个重复试验为 n 重伯努利 (Bernoulli) 试验. 例如: 掷 n 次均匀的硬币就是一个 n 重伯努利试验.

记 X 为 n 重伯努利试验中成功 (事件 A) 的次数, 则随机变量 X 的可能取值为 $0, 1, \cdots, n$. 设每次试验中 A 发生的概率为 p, 下面我们探究 X 的分布列.

显然, 这个试验的样本点为 $\omega = (\omega_1, \omega_2, \cdots, \omega_n)$, 其中 ω_i 为 A 或者 $\overline{A}$. 这样的样本点共有 2^n 个, 因此该试验的样本空间有 2^n 个元素. 设样本点 $\omega = (\omega_1, \omega_2, \cdots, \omega_n) \in \{X = k\}$, 则

$$P(\omega) = p^k (1-p)^{n-k}.$$

由于事件 $\{X = k\}$ 共包含 $\binom{n}{k}$ 个这样的样本点, 因此 X 的分布列为

$$P\{X = k\} = \binom{n}{k} p^k (1-p)^{n-k}, k = 0, 1, \cdots, n.$$

需注意上述分布列之和为 1, 实际上

$$\sum_{k=0}^{n} \binom{n}{k} p^k (1-p)^{n-k} = [p + (1-p)]^n = 1.$$

可见, $\binom{n}{k} p^k (1-p)^{n-k}$ 恰好为二项式 $[p + (1-p)]^n$ 展开式中的第 $k+1$ 项, 我们将 X 的分布称为二项分布.

定义 2.8 (二项分布)　设随机变量 X 的概率分布列为

$$P\{X = k\} = \binom{n}{k} p^k (1-p)^{n-k}, k = 0, 1, \cdots, n,$$

则称 X 服从参数为 n 和 p 的二项分布, 记为 $X \sim b(n, p)$.

二项分布是一种常见的离散型随机变量分布, 例如: 检查 n 个产品, 其中不合格产品的个数 X 服从二项分布 $b(n,p)$, 这里 p 为不合格品率.

例 2.7 甲乙两人进行 10 局台球比赛, 胜局多者为胜者. 设在每局中甲赢的概率为 0.6, 乙赢的概率为 0.4, 各局比赛是独立进行的. 试求甲胜、乙胜和平局的概率.

解 令 X 为 10 局比赛中甲赢的局数, 则 $X \sim b(10, 0.6)$. 故所求的概率分别为

$$P\{X \geqslant 6\} = \sum_{k=6}^{10} \binom{10}{k} 0.6^k 0.4^{10-k} = 0.6330,$$

$$P\{X \leqslant 4\} = \sum_{k=0}^{4} \binom{10}{k} 0.6^k 0.4^{10-k} = 0.1663,$$

$$P\{X = 5\} = \binom{10}{5} 0.6^5 0.4^5 = 0.2007. \qquad \square$$

定理 2.9 设随机变量 $X \sim b(n,p)$, 则 $E(X) = np$, $D(X) = np(1-p)$.

证明 由数学期望和二项分布的定义, 有

$$E(X) = \sum_{k=0}^{n} k \binom{n}{k} p^k (1-p)^{n-k}$$

$$= np \sum_{k=1}^{n} \binom{n-1}{k-1} p^{k-1} (1-p)^{(n-1)-(k-1)}$$

$$= np(p + (1-p))^{n-1}$$

$$= np.$$

且有

$$E(X^2) = \sum_{k=0}^{n} k^2 \binom{n}{k} p^k (1-p)^{n-k}$$

$$= \sum_{k=1}^{n} (k-1+1)k \binom{n}{k} p^k (1-p)^{n-k}$$

$$= \sum_{k=1}^{n} (k-1)k \binom{n}{k} p^k (1-p)^{n-k} + \sum_{k=1}^{n} k \binom{n}{k} p^k (1-p)^{n-k}$$

$$= \sum_{k=2}^{n} (k-1)k \binom{n}{k} p^k (1-p)^{n-k} + np$$

$$= n(n-1)p^2 \sum_{k=2}^{n} \binom{n-2}{k-2} p^{k-2} (1-p)^{(n-2)-(k-2)} + np$$

$$= n(n-1)p^2 + np.$$

故有

$$D(X) = E(X^2) - (E(X))^2 = n(n-1)p^2 + np - n^2p^2 = np(1-p). \qquad \square$$

2.4.2　泊松分布

下面, 我们介绍另一种重要的离散型随机变量分布, 它是由法国数学家泊松 (Poisson) 提出的.

定义 2.9 (泊松分布)　设随机变量 X 的概率分布列为

$$P\{X = k\} = \frac{\lambda^k}{k!}e^{-\lambda}, k = 0, 1, \cdots,$$

其中 $\lambda > 0$, 则称 X 服从参数为 λ 的泊松分布, 记为 $X \sim P(\lambda)$.

在上面的定义中, 我们很容易验证泊松分布列之和为 1. 事实上,

$$\sum_{k=0}^{+\infty} \frac{\lambda^k}{k!}e^{-\lambda} = e^{-\lambda}\sum_{k=0}^{+\infty} \frac{\lambda^k}{k!} = e^{-\lambda}e^{\lambda} = 1.$$

泊松分布是一种常用的分布, 与单位时间 (或单位面积) 上的计数相联系, 例如: 单位时间内电话机接到用户呼唤的次数, 单位时间内服务器受到攻击的次数, 等等.

定理 2.10　设随机变量 $X \sim P(\lambda)$, 则 $E(X) = D(X) = \lambda$.

证明　根据数学期望定义, 我们有

$$E(X) = \sum_{k=0}^{+\infty} k\frac{\lambda^k}{k!}e^{-\lambda}$$
$$= \lambda e^{-\lambda}\sum_{k=1}^{+\infty} \frac{\lambda^{k-1}}{(k-1)!}$$
$$= \lambda e^{-\lambda}e^{\lambda}$$
$$= \lambda.$$

并且,

$$E(X^2) = \sum_{k=0}^{+\infty} k^2\frac{\lambda^k}{k!}e^{-\lambda}$$
$$= \sum_{k=1}^{+\infty} k\frac{\lambda^k}{(k-1)!}e^{-\lambda}$$

$$= \sum_{k=1}^{+\infty} [(k-1)+1] \frac{\lambda^k}{(k-1)!} e^{-\lambda}$$

$$= \lambda^2 e^{-\lambda} \sum_{k=2}^{+\infty} \frac{\lambda^{k-2}}{(k-2)!} + \sum_{k=1}^{+\infty} \frac{\lambda^k}{(k-1)!} e^{-\lambda}$$

$$= \lambda^2 e^{-\lambda} e^{\lambda} + \lambda$$

$$= \lambda^2 + \lambda,$$

因此,

$$D(X) = E(X^2) - (E(X))^2 = \lambda^2 + \lambda - \lambda^2 = \lambda. \qquad \square$$

二项分布和泊松分布都是离散型随机分布, 以下定理阐述了这两个分布之间的关系.

定理 2.11   在 n 重伯努利试验中, 事件 A 在一次试验中发生的概率为 p_n, 若 $n \to +\infty$, 有 $np_n \to \lambda$, 则

$$\lim_{n \to +\infty} \binom{n}{k} p_n^k (1-p_n)^{n-k} = \frac{\lambda^k}{k!} e^{-\lambda}.$$

证明省略. 该定理表明: 如果事件 A 的概率充分小, 而试验次数充分大, 那么 A 在 n 次重复试验中出现的次数近似地服从参数为 $\lambda = np$ 的泊松分布. 因此, 在实际应用中, 我们通常用泊松分布来刻画多重伯努利试验中稀有事件出现的次数.

例 2.8   某疾病的发病概率为 0.001, 试求 5000 人中患有这种疾病的人数不超过 5 人的概率.

解   设 5000 人中患有该疾病的人数为 X, 则 $X \sim b(5000, 0.001)$, 故有

$$P\{X \leqslant 5\} = \sum_{k=0}^{5} \binom{5000}{k} 0.001^k 0.999^{5000-k},$$

可见, 这个概率的计算量比较大. 在这个问题中, 由于 n 比较大, 而概率 p 比较小, 且 $\lambda = np = 5$, 根据定理 2.11, 我们有

$$P\{X \leqslant 5\} \approx \sum_{k=0}^{5} \frac{5^k}{k!} e^{-5} = 0.616. \qquad \square$$

2.4.3   正态分布

正态分布, 亦称为高斯分布, 是一种重要的连续型随机变量分布, 它可以描述很多随机变量, 如测量误差、人的身高、年降雨量等.

定义 2.10 (正态分布)   若随机变量 X 的概率密度为

$$p(x) = \frac{1}{\sqrt{2\pi}\sigma} e^{-\frac{(x-\mu)^2}{2\sigma^2}}, -\infty < x < +\infty,$$

则称随机变量 X 服从正态分布, 记为 $X \sim N(\mu, \sigma^2)$, 其中参数 $-\infty < \mu < +\infty$, $\sigma > 0$.

由分布函数定义, 正态分布 $N(\mu, \sigma^2)$ 的分布函数为

$$F(x) = \frac{1}{\sqrt{2\pi}\sigma} \int_{-\infty}^{x} e^{-\frac{(t-\mu)^2}{2\sigma^2}} dt.$$

从密度函数的图形可知:

- $p(x)$ 是一条钟形曲线 (图 2.2), 中间高、两边低、左右关于 μ 对称, μ 是正态分布的中心, 且在 $x = \mu$ 附近取值的可能性大, 在两侧取值的可能性小, $\mu \pm \sigma$ 是该曲线的拐点.
- 如果固定 σ, 改变 μ 的值, 则图形沿 x 轴平移, 而不改变其形状. 也就是说, 正态密度函数的位置由参数 μ 所确定, 因此称其为位置参数.
- 如果固定 μ, 改变 σ 的值, 则 σ 愈小, 曲线呈高而瘦; σ 愈大, 曲线呈矮而胖. 也就是说, 正态密度函数的尺度由参数 σ 所确定, 因此称其为尺度参数.

正态分布函数图形如图 2.3 所示.

特别地, 当 $\mu = 0$, $\sigma = 1$ 时, 正态分布 $N(0, 1)$ 称为标准正态分布. 通常记标准正态变量为 U, 标准正态分布的密度函数为 $\varphi(u)$, 分布函数为 $\Phi(u)$, 我们有

$$\varphi(u) = \frac{1}{\sqrt{2\pi}} e^{-\frac{u^2}{2}}, -\infty < u < +\infty,$$

$$\Phi(u) = \frac{1}{\sqrt{2\pi}} \int_{-\infty}^{u} e^{-\frac{t^2}{2}} dt, -\infty < u < +\infty.$$

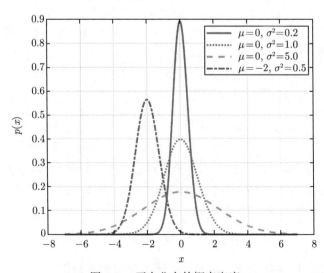

图 2.2　正态分布的概率密度

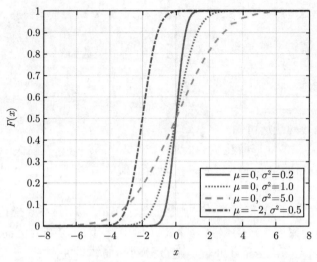

图 2.3   正态分布函数

容易验证:

- $\Phi(-u) = 1 - \Phi(u)$;
- $P\{U > u\} = 1 - \Phi(u)$;
- $P\{a < U < b\} = \Phi(b) - \Phi(a)$;
- $P\{|U| < c\} = 2\Phi(c) - 1$.

设 $U \sim N(0,1)$, 我们有:

- $P\{U < 1.52\} = \Phi(1.52) = 0.9357$;
- $P\{U > 1.52\} = P(U < -1.52) = 1 - \Phi(1.52) = 0.0643$;
- $P\{-0.75 < U < 1.52\} = \Phi(1.52) - \Phi(-0.75) = \Phi(1.52) - (1 - \Phi(0.75)) = 0.7091$;
- $P\{|U| < 1.52\} = 2\Phi(1.52) - 1 = 0.8714$.

令

$$\wp = \{N(\mu, \sigma^2) : -\infty < \mu < +\infty, \sigma > 0\}$$

为正态分布集合, 标准正态分布 $N(0,1)$ 是其中的一个成员. 以下定理说明: 对一般正态分布可以通过一个线性变换 (标准化) 转化成标准正态分布. 因此, 与正态变量有关的一切事件的概率都可以通过查标准正态分布函数表获得.

定理 2.12   若 $X \sim N(\mu, \sigma^2)$, 则 $U = \dfrac{X - \mu}{\sigma} \sim N(0,1)$.

证明   令随机变量 X 和 U 的分布函数分别为 $F_X(x)$ 和 $F_U(u)$, 由分布函数

定义, 有

$$F_U(u) = P\{U \leqslant u\} = P\left\{\frac{X-\mu}{\sigma} \leqslant u\right\} = P\{X \leqslant \mu + \sigma u\} = F_X(\mu + \sigma u).$$

令 X 和 U 的概率密度分别为 $p_X(x)$ 和 $p_U(u)$, 由于正态分布函数是严格单调增函数, 且处处可导, 故

$$p_U(u) = \frac{\mathrm{d}}{\mathrm{d}u}F_X(\mu + \sigma u) = p_X(\mu + \sigma u) \cdot \sigma = \frac{1}{\sqrt{2\pi}}\mathrm{e}^{-\frac{u^2}{2}},$$

因此, $U = \dfrac{X-\mu}{\sigma} \sim N(0,1)$. □

由以上定理, 我们可以得到: 若 $X \sim N(\mu, \sigma^2)$, 则

$$P\{X \leqslant c\} = \Phi\left(\frac{c-\mu}{\sigma}\right).$$

$$P\{a < X \leqslant b\} = \Phi\left(\frac{b-\mu}{\sigma}\right) - \Phi\left(\frac{a-\mu}{\sigma}\right).$$

例 2.9 设随机变量 $X \sim N(108, 3^2)$, 求 $P(102 < X < 117)$.

解 由正态分布性质, 有

$$P\{102 < X < 117\} = \Phi\left(\frac{117-108}{3}\right) - \Phi\left(\frac{102-108}{3}\right)$$
$$= \Phi(3) - \Phi(-2)$$
$$= \Phi(3) + \Phi(2) - 1.$$

□

设 $X \sim N(\mu, \sigma^2)$, 则

$$P\{|X-\mu| < k\sigma\} = \Phi(k) - \Phi(-k) = \begin{cases} 0.6826, & k = 1, \\ 0.9545, & k = 2, \\ 0.9973, & k = 3. \end{cases}$$

可以看到, 尽管正态变量的取值范围是 $(-\infty, +\infty)$, 但是它的 99.73% 的值落在区间 $(\mu - 3\sigma, \mu + 3\sigma)$ 内 (图 2.4 为标准正态分布的变量取值情况). 我们称这种现象为**正态分布的 3σ 原则**.

定理 2.13 以下命题成立:
- 若 $U \sim N(0,1)$, 则 $E(U) = 0$, $D(U) = 1$.
- 若 $X \sim N(\mu, \sigma^2)$, 则 $E(X) = \mu$, $D(X) = \sigma^2$.

证明省略.

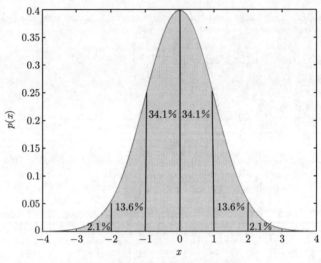

图 2.4　正态分布的 3σ 原则

2.5　文 献 注 释

本章主要参考了文献 [2], [3], [4]. 目前概率与数理统计学科的发展已经非常成熟, 有关教材也很多, 读者若有进一步深入学习的兴趣, 可参考文献 [3] 和 [17].

习　　题

1. 设随机变量 X 的密度函数为

$$
p(x) = \begin{cases} A\cos x, & |x| \leqslant \dfrac{\pi}{2}; \\ 0, & |x| > \dfrac{\pi}{2}. \end{cases}
$$

试求: (a) 系数 A; (b)X 落在区间 $\left(0, \dfrac{\pi}{4}\right)$ 内的概率.

2. 设随机变量 X 的分布列为表 2.3: 求 X 的分布函数 $F(X)$, 并利用分布函数求 $P\{2 < X \leqslant 6\}$, $P\{X < 4\}$, $P\{1 \leqslant X < 5\}$.

表 2.3　X 的分布列

X	1	4	6	10
P	$\dfrac{2}{6}$	$\dfrac{1}{6}$	$\dfrac{2}{6}$	$\dfrac{1}{6}$

3. 假设 $(\Omega, \mathfrak{F}, P)$ 是一概率空间, X 是定义在此概率空间上的随机变量. 证明 $P\{a \leqslant X \leqslant b\} = F(b) - F(a - 0)$.

4. 应用概率的连续性证明定理 2.2中的有界性和右连续性.

5. 设随机变量 X 的密度函数为

$$p(x) = \begin{cases} \dfrac{1}{25}x, & 0 \leqslant x < 5; \\[2mm] \dfrac{2}{5} - \dfrac{1}{25}x, & 5 \leqslant x < 10; \\[2mm] 0, & \text{其他}. \end{cases}$$

求其分布函数.

6. 设 X 为随机变量, C 是常数, 证明 $D(X) < E[(X - C)^2]$, 这里 $C \neq E(X)$.

7. 设随机变量 X 仅在区间 $[a, b]$ 上取值, 证明: $a \leqslant E(X) \leqslant b$, $D(X) \leqslant \left(\dfrac{b-a}{2}\right)^2$.

8. 设事件 A 在每次试验中发生的概率为 0.3. 当 A 发生不少于 3 次时, 指示灯发出信号.
   (a) 进行了 5 次重复独立试验, 求指示灯发出信号的概率;
   (b) 进行了 7 次重复独立试验, 求指示灯发出信号的概率.

9. 设在一电路中, 电阻两端的电压服从 $N(120, 2^2)$ 分布, 今独立测量了 5 次, 试确定有 2 次测定值落在区间 $[118, 122]$ 之外的概率.

10. 设随机变量 X 的概率密度为 $f_X(x)$, $-\infty < x < +\infty$, 求 $Y = X^2$ 的概率密度.

11. 设 $X \sim N(\mu, \sigma^2)$, 证明 $Y = aX + b$, $a \neq 0$, 服从正态分布.

12. 在多重伯努利试验中, 令每次试验事件 A(成功) 发生的概率为 p, X 为事件 A 首次出现的试验次数.
    (a) 试求随机变量 X 的分布列;
    (b) 试证明: 对于任意正整数 m, n, 有

$$P\{X > m + n \mid X > m\} = P\{X > n\}.$$

第二部分
经典理性选择理论

第 3 章 偏好和选择规则

偏好是理性选择的基本概念, 它实际上是一个非空集合上的二元关系. 下面, 我们首先简单介绍关系的概念及其常见的性质.

3.1 关系和偏好

非空集 X 上的二元关系 R 为集合 $X \times X = \{(x,y)|x,y \in X\}$ 的子集. 若 (x,y) 在这个子集中, 我们称 x 和 y 具有关系 R, 记为 xRy, 或 Rxy; 若 (x,y) 不在这个子集中, 我们称 x 和 y 不具有关系 R, 记为 $\neg(xRy)$, 或 $\neg Rxy$.

二元关系具有以下常见的性质: $\forall x, y, z \in X$,

(1) R 是自反的: xRx;

(2) R 是非自反的: $\neg(xRx)$;

(3) R 是对称的: 若 xRy, 则 yRx;

(4) R 是非对称的: 若 xRy, 则 $\neg(yRx)$;

(5) R 是反对称的: 若 $xRy \wedge yRx$, 则 $x = y$;

(6) R 是传递的: 若 $xRy \wedge yRz$, 则 xRz;

(7) R 是负传递的: 若 $\neg(xRy) \wedge \neg(yRz)$, 则 $\neg(xRz)$;

(8) R 是完全的 (连通的): $xRy \vee yRx$;

(9) R 是弱完全的 (弱连通的): 若 $x \neq y$, 则 $xRy \vee yRx$;

(10) R 是非循环的: 若 $x_1Rx_2 \wedge x_2Rx_3 \wedge \cdots \wedge x_{n-1}Rx_n$, 则 $x_1 \neq x_n$.

注记 3.1   非对称性和负传递性蕴含传递性, 完全性蕴含弱完全性.

例 3.1   设 X 为所有活着的人的集合, 则关系 R "身高高于" 具有非自反性、非对称性、传递性、负传递性、非循环性; 关系 "和 $\cdots\cdots$ 一样老" 具有自反性、传递性、完全性.

定义 3.1   我们称一个定义在集合 X 上的二元关系 R 为

(1) 预序: 如果 R 是自反的和传递的;

(2) 弱序: 如果 R 是传递的和完全的;

(3) 偏序: 如果 R 是自反的、传递的和反对称的.

价值或愿望可以定性地刻画, 即通过比较的方式表示, 比如: 对此的偏好超过 (不次于或等于) 彼. 容易发现, 这种定性的比较实际上是一个关系, 那么这样的关系具有什么样的性质? 设想我们面前摆放着等重量的三种金属: 金、银和铜. 在通常情况下, 我们可以使用 "对此的偏好超过彼" 表示这三种等重量金属的价值, 例如, 对 10g 金的偏好超过等重的银. 直观上[1], 这种关系应具有以下性质: 非自反性、非对称性、传递性、负传递性、非循环性 [2].

定义 3.2   我们称定义在集合 X 上的二元关系 $\succ$ 为一个偏好关系, 如果它是非对称的和负传递的.

满足上述定义的关系 $\succ$ 是一个**严格偏好**, 我们可以把 "$x \succ y$" 读作 "对 x 的偏好 (喜好) 超过 y" 或者 "x 严优 y".

定理 3.1   若 $\succ$ 为一个偏好关系, 则它是非自反的、传递的和非循环的.

证明   非自反性由非对称性可得. 现在我们证明关系 $\succ$ 具有传递性. 假设 $x \succ y, y \succ z$. 由于 $\succ$ 为偏好关系, 故它是负传递的, 那么 $\neg(x \succ z) \wedge \neg(z \succ y) \Rightarrow \neg(x \succ y)$, 因此, $x \succ y \Rightarrow (x \succ z) \vee (z \succ y)$. 根据假设和非对称性, $z \succ y$ 不成立, 因此我们有 $x \succ z$, 故 $\succ$ 是传递的. 最后, 我们证明 $\succ$ 是非循环的. 假设 $(x_1 \succ x_2) \wedge (x_2 \succ x_3) \wedge \cdots \wedge (x_{n-1} \succ x_n)$, 那么由传递性可得 $x_1 \succ x_n$. 若 $x_1 = x_n$, 则 $x_1 \succ x_n$ 与关系 $\succ$ 是非自反的相矛盾, 因此 $x_1 \neq x_n$. □

如前所述, 从规范的角度看偏好关系 $\succ$ 应具有一些性质, 但是由非对称性和负传递性就可以得到其他的性质. 因此, 我们将满足非对称性和负传递性的关系 $\succ$ 定义为一个偏好关系.

以关系 $\succ$ 为前提, 我们可以定义以下二元关系 $\succeq$ 和 $\sim$:

$$x \succeq y := \neg(y \succ x), \quad x \sim y := \neg(x \succ y) \wedge \neg(y \succ x). \tag{3.1}$$

通常, 我们称关系 $\succeq$ 为弱偏好, "$x \succeq y$" 读作 "对 x 的偏好不次于 y"; 关系 $\sim$ 称为无殊, "$x \sim y$" 读作 "对 x 的偏好无殊于 y", 或者 "x 和 y 之间的偏好是无差别的 (或不可区分的)".

同样地, 我们以关系 $\succeq$ 为前提定义关系 $\succ$ 和 $\sim$:

$$x \succ y := \neg(y \succeq x), \quad x \sim y := (x \succeq y) \wedge (y \succeq x). \tag{3.2}$$

定理 3.2   若 $\succ$ 为一个定义在集合 X 上的偏好关系, 则 $\forall w, x, y, z \in X$,

(1) 在 $x \succ y$, $y \succ x$ 和 $x \sim y$ 中只有一个成立;

(2) $\succeq$ 是完全的和传递的;

(3) $\sim$ 是自反的、对称的和传递的;

(4) $(w \succ x) \wedge (x \sim y) \wedge (y \succ z) \Rightarrow (w \succ y) \wedge (x \succ z)$;

(5) $x \succeq y \Leftrightarrow (x \succ y) \vee (x \sim y)$.

---

① 从规范的角度看.

② 读者可以检查 "对此的偏好不次于 (或等于) 彼" 应该具有的性质.

证明   这里我们证明该定理的 (2), 其余结论留给读者. 由定理的 (1) 和 $\succ$ 的非对称性, 我们有: 对于任意 $x, y \in X$, $\neg(x \succ y)$ 或 $\neg(y \succ x)$ 成立, 由关系 $\succeq$ 定义 [见式 (3.1)], 可知 $\succeq$ 是完全的. 另外, $\succeq$ 的传递性可由式 (3.1) 和 $\succ$ 的负传递性得到. □

定理 3.3   假设 $\succeq$ 是一个定义在非空集合 X 上的二元关系.

(1) 如果 $\succeq$ 是完全的和传递的, 且如式 (3.2) 定义关系 $\succ$, 那么 $\succ$ 是偏好关系;

(2) 如果关系 $\succ$ 和 $\sim$ 由 $\succeq$ 如式 (3.2) 定义, 且 $\succeq'$ 和 $\sim'$ 通过 $\succ$ 如式 (3.1) 定义, 那么: $x \succeq y$ 当且仅当 $x \succeq' y$, $x \sim y$ 当且仅当 $x \sim' y$.

证明   先证 (1). 假设 $x \succ y$, 我们要证明 $\succ$ 是非对称的, 需要证明 $\neg(y \succ x)$. 若 $y \succ x$, 则由式 (3.2), 我们有 $\neg(x \succeq y)$. 由于 $\succeq$ 是完全的, 故有 $y \succeq x$, 这与假设 $x \succ y$ 矛盾. 因此, $\succ$ 是非对称的.

假设 $\neg(x \succ y)$ 和 $\neg(y \succ z)$ 成立, 根据式 (3.2), 我们得到

$$\neg\neg(y \succeq x), \quad \neg\neg(z \succeq y),$$

即

$$y \succeq x, \quad z \succeq y,$$

由于 $\succeq$ 是传递的, 故 $z \succeq x$, 即 $\neg\neg(z \succeq x)$, 因此 $\neg(x \succ z)$. 故 $\succ$ 是负传递的, 于是 $\succ$ 是一个偏好关系.

再证 (2). 由式 (3.1) 和式 (3.2), 我们有

$$x \succeq' y \Leftrightarrow \neg(y \succ x)$$
$$\Leftrightarrow \neg\neg(x \succeq y)$$
$$\Leftrightarrow x \succeq y,$$

并且,

$$x \sim' y \Leftrightarrow (\neg(x \succ y)) \wedge (\neg(y \succ x))$$
$$\Leftrightarrow (\neg\neg(y \succeq x)) \wedge (\neg\neg(x \succeq y))$$
$$\Leftrightarrow (y \succeq x) \wedge (x \succeq y)$$
$$\Leftrightarrow x \sim y,$$

定理得证. □

定理 3.2(2) 和定理 3.3 表明: 我们研究理性选择理论可以把关系 $\succ$ 作为初始符号定义一个严格的偏好关系, 它是**非对称的和负传递的**; 也可以把关系 $\succeq$ 作为

初始符号定义一个弱偏好关系, 它是**完全的和传递的**. 一般说来, 它们定性地表示集合中元素的价值. 实际上, 在满足一定的条件下这些价值也可以量化.

定理 3.4　假设 X 是一个有限的 (或者可数的) 集合, 定义在其上的关系 $\succ$ 是一个偏好关系当且仅当存在一个函数 $u : X \to R$ 使得任意 $x, y \in X$,

$$x \succ y \Leftrightarrow u(x) > u(y). \tag{3.3}$$

这个定理的证明比较复杂, 在此省略. 若函数 u 满足式 (3.3), 则称此函数为**序数效用**, 它表征了偏好关系, 或者说偏好关系最大化序数效用. 因此, 我们通常称此定理为**表征定理**, 它实质上也是理性的一种表征方式: 我们选择某选项当且仅当它具有最大的效用 (价值).

3.2 选 择 规 则

给定一个非空的、有限的选项集合, 决策者通常可以依据某个特定的规则从该集合中选择某些选项. 例如, 我们根据某个规则从一个菜单里选择一些美食, 不同的规则可能导致相异的选择结果. 显然, 选择的结果应该包含在所给定的集合中. 此外, 从直观上看, 这些选择规则和决策者的偏好之间具有某些关联. 本节我们将介绍选择规则概念, 并阐述理性的选择规则具有怎样的预设.

在提出概念之前, 我们先定义一个符号. 给定一个非空有限集 X, 称之为选项集, 我们令 $P(X) = 2^X - \{\varnothing\}$.

定义 3.3 (选择规则)　一个定义在非空有限集 X 上的选择规则 (函数) 为一个映射 $c : P(X) \to P(X)$, 使得 $\forall A \in P(X), c(A) \subseteq A$.

注记 3.2　任意 $A \in P(X), c(A) \neq \varnothing$.

例如, 令 $X = \{x, y\}$, 假设 X 上有一个映射 c(表 3.1), 容易验证 c 是一个选择规则.

表 3.1　选择规则的例子

$P(X)$	c	$P(X)$
$\{x\}$	$\longrightarrow$	$\{x\}$
$\{y\}$	$\longrightarrow$	$\{y\}$
$\{x, y\}$	$\longrightarrow$	$\{x\}$

当面临选择时, 决策者可以基于一个关系确定相应的选择规则. 例如, 顾客可以根据自己的口味从菜单上选择中意的菜肴; 观众可以依据他们的喜好选择观看什么样的体育比赛、何种类型的电影.

定义 3.4　给定一个定义在集合 X 上的关系 $\succeq$, 它诱导的选择规则 $c_{\succeq}$ 定义为

$$c_{\succeq}(A) = \{x \in A : x \succeq y, \forall y \in A\}, A \in P(X).$$

例如, 令 $X = \{x, y, z\}$, 假设 X 上有一个自反的关系:

$$x \succeq y, \ y \succeq z, \ x \succeq z.$$

根据上述定义, 有

$$c_{\succeq}(\{a\}) = \{a\}, \ c_{\succeq}(\{x, y\}) = \{x\}, \ c_{\succeq}(\{y, z\}) = \{y\};$$
$$c_{\succeq}(\{x, z\}) = \{x\}, \ c_{\succeq}(\{x, y, z\}) = \{x\}.$$

这里 $a = x, y, z$. 容易验证 $c_{\succeq}$ 是一个选择规则.

类似地, 给定一个 X 上的关系 $\succ$, 我们也可以定义一个选择规则 $c_{\succ} : P(X) \to P(X)$ 如下:

$$c_{\succ}(A) = \{x \in A : \neg(y \succ x), \forall y \in A\}, A \in P(X).$$

注记 3.3　所有 $A \in P(X)$, $c_{\succeq}(A) = c_{\succ}(A)$.

需要强调: 这里的关系 $\succeq$ 和 $\succ$ 没有必要是一个偏好关系; 给定集合上任意关系不一定能够诱导一个选择规则.

定理 3.5　$c_{\succ}$ 是一个选择规则当且仅当 $\succ$ 是非循环的.

证明　要证充分性, 需证对任意 $A \in P(X)$, $c_{\succ}(A) \neq \varnothing$.

假设 $c_{\succ}(A) = \varnothing$, 那么对于任意 $x \in A$, 存在 $y \in A$, 使得 $y \succ x$. 由于 $A \neq \varnothing$, 取 $x_1 \in A$, 则存在 $x_2 \in A$, 使得 $x_2 \succ x_1$. 同理, 对于 $x_2 \in A$, 存在 $x_3 \in A$, 使得 $x_3 \succ x_2$. 这样一直下去, 由于 A 是有限的, 我们可以构造如下序列

$$x_n \succ x_{n-1} \succ \cdots \succ x_2 \succ x_1.$$

由假设可知, 关系 $\succ$ 一定是循环的. 这与前提 $\succ$ 是非循环的矛盾! 故 $c_{\succ}(A) \neq \varnothing$.

再证必要性: 若 $c_{\succ}$ 是一个选择规则, 则 $\succ$ 是非循环的.

假设 $c_{\succ}$ 是一个选择规则, 但 $\succ$ 是循环的. 设 $A \in P(X)$, 那么对于任意 $x \in A$, 存在 $y \in A$, 使得 $y \succ x$, 故 $c_{\succ}(A) = \varnothing$. 因此 $c_{\succ}$ 不是一个选择规则. 这与前提矛盾. 故 $\succ$ 是非循环的.　　　□

满足定义 3.3 的选择规则不一定是 "好的" 或者说是理性的; 任意的一个关系诱导的选择规则也不一定是理性的. 从规范的意义上说, 我们期望理性的选择结果应该不违反传递性. 下面的定义给出了理性的选择规则应具有的条件.

定义 3.5 (**可理性化的选择规则**) 称关系 $\succeq$ 理性化选择规则 c, 如果 $\succeq$ 是偏好关系且 $c = c_{\succeq}$; 选择规则 c 是可理性化的, 如果存在一个偏好关系 $\succeq$ 理性化 c.

定义 3.4表明: 基于一个偏好关系, 我们可以确定一个选择规则. 反过来, 基于一个选择规则, 我们也可以定义一个关系, 显示决策者在此规则下 "隐藏的" 偏好. 我们称之为显示偏好.

定义 3.6 (**显示偏好**) 给定在非空有限集 X 上的选择规则 c, 它的显示偏好 $\succeq_c$ 定义为

$$x \succeq_c y, \text{ 若存在} A \in P(X), \text{ 使得} x, y \in A, x \in c(A).$$

应当注意到: 给定一个选择规则, 诱导此规则的关系可能和它确定的显示偏好关系不同. 例如, 令 $X = \{x, y, z\}$, 假设 X 上有关系:

$$x \succ y, y \succ z, x \succeq z, z \succeq x$$

其诱导的选择规则:

$$c_{\succeq}(\{a\}) = \{a\}, c_{\succeq}(\{x, y\}) = \{x\}, c_{\succeq}(\{y, z\}) = \{y\};$$
$$c_{\succeq}(\{x, z\}) = \{x, z\}, c_{\succeq}(\{x, y, z\}) = \{x\}.$$

这里 $a = x, y, z$. 另外, 基于这个选择规则定义一个显示偏好:

$$x \succeq_c y, y \succeq_c z, x \succeq_c z.$$

显然, 这两个关系是不同的. 从规范的角度看, 我们感兴趣的是两个关系一致的条件.

定理 3.6 若偏好关系 $\succeq$ 理性化一个定义在非空有限集 X 上的选择规则 c, 则对于任意 $x, y \in A, A \in P(X)$, $x \succeq y$ 当且仅当 $x \succeq_c y$.

这个定理的证明留给读者课后练习. 下面, 我们讨论理性选择规则的预设, 即挖掘理性选择规则的充要条件. 我们先给出一些公理.

公理 3.1 (**霍萨克公理**) 设 X 是一个非空有限集, $A, B \in P(X)$, 若 $x, y \in A \cap B, x \in c(A), y \in c(B)$, 则 $x \in c(B)$.

一眼瞥之, 我们从直观上很难立刻接受这个公理, 它看上去的确不是那么 "自明". 我们可以结合霍萨克公理 (图 3.1) 和事例加以理解. 例如, 假设选项集为中国人, 张三和李四是客家人[①], 又是广东人. 如果张三是客家人中最善良的人之一, 李四是广东人中最善良的人之一, 那么张三也是广东人中最善良的人之一.

公理 3.2 (**森 α 性质**) 设 X 是一个非空有限集, $A, B \in P(X)$, 若 $x \in B, B \subseteq A, x \in c(A)$, 则 $x \in c(B)$.

---

① 客家人是南方汉族移民群体, 主要分布在广东、福建、江西、台湾等地.

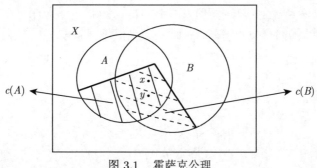

图 3.1　霍萨克公理

森 α 刻画了选择规则的"**缩小**"性质: 一个选项在某个范围内被选, 那么这个选项在包含它的更小的范围内也应该被选 (图 3.2). 例如, 设选项集为中国的城市. 如果广州是中国最美丽的城市, 那么广州是广东省最美丽的城市.

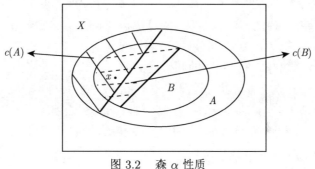

图 3.2　森 α 性质

公理 3.3(**森 β 性质**)　设 X 是一个非空有限集, $A, B \in P(X)$, 若 $x, y \in c(A)$, $A \subseteq B$, $y \in c(B)$, 则 $x \in c(B)$.

森 β 刻画了选择规则的"**扩大**"性质: 两个选项在某个范围内被选, 且其中的一个选项在更大的范围 (包含前一范围) 内被选, 那么另外一个选项在这个更大的范围内也应该被选, 见图 3.3. 我们类似地给出一个示例: 设选项集为中国的城市. 如果广州和深圳是广东省最美丽的城市, 并且深圳是中国最美丽的城市之一, 那么广州也是中国最美丽的城市之一.

至此, 我们定义了选择规则可理性化概念, 并给出了三个公理, 由此带来了一些问题: 这三个公理之间有什么关系? 选择规则可理性化和这些公理之间具有什么关系? 下面, 我们通过一些引理和定理予以讨论.

引理 3.1　若选择规则 c 满足森 α 性质和森 β 性质, 则 c 满足霍萨克公理.

证明　令 X 为一个非空有限集, $A, B \in P(X)$, 假设 $x, y \in A \cap B$, $x \in c(A)$ 和 $y \in c(B)$, 这里 c 满足森 α 性质和森 β 性质. 由于 $A \cap B \subseteq A$ 和 $x \in c(A)$, 故由

森 α 性质可得 $x \in c(A \cap B)$. 同理, 由 $A \cap B \subseteq B$ 和 $y \in c(B)$ 可得 $y \in c(A \cap B)$. 根据森 β 性质, 我们有 $x \in c(B)$, 从而 c 满足霍萨克公理. $\qquad\qquad\square$

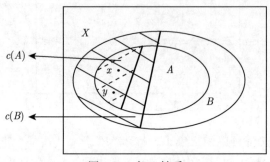

图 3.3   森 β 性质

引理 3.2   若选择规则 c 满足霍萨克公理, 则 c 是可理性化的.

证明   这个引理的证明思路是: 假设选择规则 c 满足霍萨克公理, 找到一个偏好 $\succeq_c$, 验证它理性化 c. 为此, 我们分两个步骤进行. 先证: 若 c 满足霍萨克公理, 则 $\succeq_c$ 是一个偏好关系 (完全的和传递的).

令 X 为一个非空有限集, 假设 $x, y \in X$. 由于 c 非空, $x \in c(\{x, y\})$ 或 $y \in c(\{x, y\})$, 故 $x \succeq_c y$ 或 $y \succeq_c x$. 因此, 关系 $\succeq_c$ 是完全的.

假设 $x \succeq_c y$ 和 $y \succeq_c z$. 为了证明 $\succeq_c$ 是传递的, 我们需要证明 $x \succeq_c z$ 成立. 由于 $x \succeq_c y$ 和 $y \succeq_c z$, 故存在集合 S_{xy} 和 S_{yz}, $S_{xy}, S_{yz} \in P(X)$, 使得

$$x, y \in S_{xy}, x \in c(S_{xy});$$
$$y, z \in S_{yz}, y \in c(S_{yz}).$$

由于 $c(\{x, y, z\})$ 非空, 我们分情况讨论.

- 若 $x \in c(\{x, y, z\})$, 则由定义 3.4, 有 $x \succeq_c z$;
- 若 $y \in c(\{x, y, z\})$, 注意到 $x, y \in \{x, y, z\} \cap S_{xy}$, 且 $x \in c(S_{xy})$. 则由霍萨克公理, 有 $x \in c(\{x, y, z\})$. 由前一情况, 有 $x \succeq_c z$;
- 若 $z \in c(\{x, y, z\})$, 注意到 $y, z \in \{x, y, z\} \cap S_{yz}$, 且 $y \in c(S_{xy})$. 由霍萨克公理, 有 $y \in c(\{x, y, z\})$. 由前一情况, 有 $x \succeq_c z$.

综上, $\succeq_c$ 是完全的和传递的, 因此它是一个偏好关系.

接下来证明: 若 c 满足霍萨克公理, 则 $\succeq_c$ 理性化 c. 一方面, 假设 $x \in c(A)$, $A \in P(X)$, 那么由定义 3.6得: 对于任意 $y \in A$ 有 $x \succeq_c y$, 于是根据定义 3.4知 $x \in c_{\succeq_c}(A)$. 故 $c(A) \subseteq c_{\succeq_c}(A)$.

另一方面, 假设 $x \in c_{\succeq_c}(A)$, $y \in c(A)$(请注意 c 是非空的). 由于 $x \in c_{\succeq_c}(A)$, 由定义 3.4 得 $x \succeq_c y$, 再由定义 3.6, 存在一个集合 $S_{xy} \in P(X)$, 使得 $x, y \in S_{xy}$,

$x \in c(S_{xy})$. 由假设 $y \in c(A)$, $x, y \in S_{xy} \cap A$, 以及霍萨克公理, 可得 $x \in c(A)$. 于是, $c_{\succeq_c}(A) \subseteq c(A)$.

因此, $c(A) = c_{\succeq_c}(A)$, 故 c 是可理性化的. □

引理 3.3 若选择规则 c 是可理性化的, 则 c 满足森 α 性质和森 β 性质.

证明 假设 c 是可理性化的, 即存在一个偏好关系 $\succeq$, 使得 $c = c_{\succeq}$. 首先证明 c 满足森 α 性质. 令 X 是一个非空有限集, $A, B \in P(X)$, 假设 $x \in B$, $B \subseteq A$, 且 $x \in c(A)$. 于是由定义 3.6, 对于任意 $y \in B$, 有 $x \succeq_c y$. 再根据定义 3.4, 可知 $x \in c_{\succeq_c}(B)$, 进一步由假设可得 $x \in c(B)$. 因此, c 满足森 α 性质.

假设 $x, y \in c(A)$, $A \subseteq B$, 且 $y \in c(B)$. 那么对于任意 $z \in B$, 有 $y \succeq_c z$. 由于 $y \in A$, 且 $x \in c(A)$, 故 $x \succeq_c y$. 根据偏好的传递性, 我们得 $x \succeq_c z$. 故有 $x \in c_{\succeq_c}(B)$, 从而 $x \in c(B)$, 于是, c 满足森 β 性质. □

定理 3.7 (理性选择刻画定理) 设 c 为一个选择规则, 以下三个命题等价.

(1) c 满足森 α 性质和森 β 性质;

(2) c 满足霍萨克公理;

(3) c 是可理性化的.

证明 由引理 3.1, 引理 3.2和引理 3.3可得. □

这个定理是选择规则理论的主要结论, 它揭示了: ①霍萨克公理可以从 "缩小" 和 "扩大" 两个角度加以理解; ②理性的选择规则的充要条件: 满足霍萨克公理, 或者满足森 α 性质和森 β 性质. 霍萨克公理 (森 α 性质和森 β 性质) 是理性选择规则的预设.

3.3 文 献 注 释

本章主要参考文献 [31]. 理性选择刻画定理的证明思路来自文献 [31] 和网络资源: https://www.doc88.com/p-7738903357793.html. 对于利用逻辑刻画偏好感兴趣的读者可进一步参考文献 [28], [39], [52] 和 [54].

习 题

1. 设 X 为所有活着的人的集合, 请说明关系 R "身高高于" 具有非自反性、非对称性、传递性、负传递性、非循环性.

2. 设 X 为实数集, 判断关系 $\geqslant$ 是否为弱序和偏序.

3. 证明定理 3.2[除 (2) 之外].

4. 假设 $X = \{a, b, c, d\}$, 请定义一个选择规则.

5. 请给出一个显示偏好的例子.

6. 假设 $X = \{a, b, c\}$, 确定一个选择规则使得它满足森 α 性质但不满足森 β 性质.

7. 假设 $X = \{a, b, c\}$, $c(\{a, b\}) = \{a\}$, $c(\{b, c\}) = \{b\}$, $c(\{a, c\}) = \{c\}$. 证明 c 不满足霍萨克公理.

8. 假设 X 是一个非空有限集, $A, B \in P(X)$. 以下断言成立吗? 若成立, 请证明.

   (a) 霍萨克公理 $\Leftrightarrow$ 若 $A \cap c(B) \neq \varnothing$, 则 $c(A) \cap B \subseteq c(B)$.

   (b) 森 α 性质 $\Leftrightarrow$ 若 $B \subseteq A$, 则 $c(A) \cap B \subseteq c(B)$.

   (c) 森 β 性质 $\Leftrightarrow$ 若 $A \subseteq B$, 且 $c(A) \cap c(B) \neq \varnothing$, 则 $c(A) \subseteq c(B)$.

9. 若偏好关系 $\succeq$ 理性化一个定义在非空有限集 X 上的选择规则 c, 则对于任意 $x, y \in A$, $A \in P(X)$, $x \succeq y$ 当且仅当 $x \succeq_c y$.

10. 证明: 若选择规则 c 满足霍萨克公理, 则 c 满足森 α 性质和森 β 性质.

11. 证明: 若选择规则 c 是可理性化的, 则 c 满足霍萨克公理.

12. 证明: 若选择规则 c 满足森 α 性质和森 β 性质, 则 c 是可理性化的.

第 4 章 冯·诺伊曼–摩根斯坦期望效用理论

在第 3 章, 我们论述了决策者在面临选择时, 必须使用其**偏好关系**诱导的选择规则, 并揭示了可理性化选择规则的充要条件. 进一步的问题是: 如何表征个体的偏好? 前面提及了序数效用概念, 虽然它表征了给定选项集上的偏好, 但是它在复杂情况下无法达到目的, 例如, 当决策者面临选项的结果是不确定的时候. 所以, 我们有必要进一步构建理论来表征偏好, 这也是理性选择理论的主要任务.

根据决策者选择时面临的各种情况, 我们将理性选择的类型分为三类:

(1) 在**确定**情形下: 选择任意行为都将相应地得到一个确定的结果. 这种情形是平凡的, 序数效用可以表征这种情形下的偏好.

(2) 在**风险**情形下: 选择任意行为都将相应地得到一组可能的结果, 并且得到每一个可能结果的概率是确定的. 这里的概率是客观的、理论外部的; 换句话说, 决策者知道概率值. 例如, 选择某个行为: 掷一枚均衡的硬币, 若正面朝上 (概率为 1/2), 则得到现金 10 元; 若反面朝上, 则损失现金 10 元.

(3) 在**不确定**情形下: 选择任意行为都将相应地得到一组可能的结果, 但是得到其中某些结果的概率是不确定的、未知的. 例如, 选择某个行为: 在某场赛马中, 若第一号马获胜则得到现金 10 元; 否则损失现金 10 元.

在以下第二部分的内容中, 我们主要关注后两种情形的理性选择, 介绍其中的一些经典理论:

- 在风险情形下, 主要介绍冯·诺伊曼–摩根斯坦期望效用理论.

- 在不确定情形下, 主要介绍拉姆齐主观概率理论、德菲尼蒂主观概率理论、安斯康姆–奥曼主观期望效用理论. 它们给出了一个可操作性的方法推导出未知的概率, 从而得到主观概率. 另外, 我们也将简要地介绍卡尔纳普的逻辑概率理论.

需注意, 卡尔纳普的逻辑概率理论从一个形式语言中给出确证度概念及其性质, 从而解释概率, 其主要目的不在于表征偏好. 此外, 这里介绍的理论主要目标是表征偏好, 进一步地探究理性的预设. 虽然它们存在诸多不同点, 但构建理论的方法是相似的, 即基于一些公理证明偏好的表征定理.

下面介绍在风险情形下的经典理性选择理论. 在他们的巨著《博弈和经济行为》中, **冯·诺伊曼** (J. von Neumann, 1903~1957 年) 和**摩根斯坦** (O. Morgenstern,

1902~1977 年) 在假设给定概率 (即理论外部的) 的基础上, 建立了一个公理化的、表征偏好的理论, 为经典期望效用理论和博弈论奠定了基础.

4.1 基 本 概 念

社会上有很多用于公益事业的乐透彩票, 如福利乐透和体育乐透, 也有一些具有娱乐性的轮盘乐透. 以福利乐透为例, 彩民们在购买 "35 选 5 加 12 选 2" 时, 可以从 01~35 共 35 个号码中, 选取 5 个号码为前区号码, 并从 01~12 共 12 个号码中选取 2 个号码为后区号码. 根据中奖条件, 可以通过古典概型计算各个获奖等级的概率, 其中获一等奖的概率为 $\dfrac{1}{21425712}$. 可见, 这些乐透共同的特点是获得各种等级奖金的概率是确定的, 因此我们可以认为这些概率是客观的.

定义 4.1 冯·诺伊曼–摩根斯坦 (风险情形下的) 决策情景 (表 4.1) 为 $\mathfrak{D} = (\mathfrak{R}, \mathfrak{P}, \mathfrak{L})$, 其中

- $\mathfrak{R} = \{r_1, r_2, \cdots, r_n\}$ 为结果 (奖金) 集;
- $\mathfrak{P} = \{P_1, P_2, \cdots, P_m\}$, 这里 $P_i = \{p_{i1}, \cdots, p_{in}\}$ 为定义在集合 $\mathfrak{R}$ 上的一个概率分布;
- $\mathfrak{L} = \{L_1, L_2, \cdots, L_m\}$ 为冯·诺伊曼–摩根斯坦乐透集.

注记 4.1 冯·诺伊曼–摩根斯坦期望效用理论假设 $\mathfrak{R}$ 是一个有限集.

注记 4.2 称 $(\mathfrak{R}, \mathfrak{L})$ 为冯·诺伊曼–摩根斯坦乐透空间.

表 4.1 冯·诺伊曼–摩根斯坦决策情景

	r_1	$\cdots$	r_j	$\cdots$	r_n
L_1	p_{11}	$\cdots$	p_{1j}	$\cdots$	p_{1n}
$\cdots$	$\cdots$	$\cdots$	$\cdots$	$\cdots$	$\cdots$
L_i	p_{i1}	$\cdots$	p_{ij}	$\cdots$	p_{in}
$\cdots$	$\cdots$	$\cdots$	$\cdots$	$\cdots$	$\cdots$
L_m	p_{m1}	$\cdots$	p_{mj}	$\cdots$	p_{mn}

由于轮盘乐透的概率是确定的, 冯·诺伊曼–摩根斯坦乐透也可称为轮盘乐透. 以下, 我们将冯·诺伊曼–摩根斯坦乐透简称为乐透. 通常, 冯·诺伊曼–摩根斯坦决策情景可以利用表 4.1 刻画, 由表 4.1 可知: 一个乐透 L_i 实际上可以表达为定义在结果集上的概率分布

$$(p_{i1}, \cdots, p_{in}),$$

其中 p_{ij} 为该乐透下得到结果 r_j 的概率, 见图 4.1.

定义 4.2 (乐透) 一个乐透 L 为一个定义在结果集 $\mathfrak{R}$ 上的概率分布.

我们记 $L(r)$ 为乐透 L 指派给结果 r 的概率. 例如, 假设结果集 $\mathfrak{R} = \{1, 2, 3\}$, $L = (0, 0.3, 0.7)$, 那么 $L(1) = 0$, $L(2) = 0.3$, $L(3) = 0.7$.

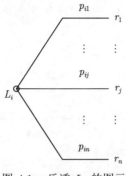

图 4.1　乐透 L_i 的图示

定义 4.3 (指示乐透)　设 $r, r' \in \mathfrak{R}$, 称 L_r 为 r 的指示乐透, 这里 L_r 定义如下:

$$L_r(r') = \begin{cases} 1, & r = r'; \\ 0, & r \neq r'. \end{cases}$$

某结果的指示乐透表示确定地得到这一结果. 例如, 假设 $\mathfrak{R} = \{r_1, r_2, r_3\}$, 那么结果 r_i 的指示乐透分别为 $L_{r_1} = (1, 0, 0)$, $L_{r_2} = (0, 1, 0)$, $L_{r_3} = (0, 0, 1)$.

定义 4.4 (乐透支持集)　设 $(\mathfrak{R}, \mathfrak{L})$ 为冯·诺伊曼–摩根斯坦乐透空间, $L \in \mathfrak{L}$, 称集合

$$\Lambda(L) = \{r \in \mathfrak{R} : L(r) > 0\}$$

为乐透 L 的支持集.

在上面的例子中, 由于 $L(2)$ 和 $L(3)$ 均大于零, 故 $\Lambda(L) = \{2, 3\}$.

注记 4.3　指示乐透 L_r 的支持集 $\Lambda(L_r) = \{r\}$.

给定两个乐透 L_1 和 L_2, 决策者可能不是确定地从中选择一个, 而是以某种概率随机地选择: 以概率 x 选择 L_1, 概率 $(1 - x)$ 选择 L_2 (表 4.2). 例如: 设想掷一枚均匀的硬币, 如果掷到硬币正面 (概率为 1/2), 那么采取乐透 L_1; 如果掷到硬币反面, 则采取乐透 L_2. 我们定义两个乐透的线性组合为一个**混合乐透**, 并且验证这样的组合确实满足乐透定义, 即它实际上也是一个乐透.

表 4.2　乐透的随机选择

L	x	$1 - x$
	L_1	L_2

定义 4.5 (混合乐透)　设 $(\mathfrak{R}, \mathfrak{L})$ 为冯·诺伊曼–摩根斯坦乐透空间, $L_i, L_j \in \mathfrak{L}$, $x \in [0, 1]$, 由它们生成的混合乐透 L 定义为如下的线性组合

$$xL_i + (1 - x)L_j = L.$$

注记 4.4　假设 L 是由 L_i 和 L_j 生成的混合乐透, 那么对于任意 $r \in \mathfrak{R}$,

$$L(r) = xL_i(r) + (1-x)L_j(r).$$

根据定义, 我们也可利用表 4.3来表示混合乐透.

表 4.3　混合乐透

	r_1	$\cdots$	r_j	$\cdots$	r_n
L_i	p_{i1}	$\cdots$	p_{ij}	$\cdots$	p_{in}
L_j	p_{j1}	$\cdots$	p_{jj}	$\cdots$	p_{jn}
L	$p_1 = xp_{i1} + (1-x)p_{j1}$	$\cdots$	$p_j = xp_{ij} + (1-x)p_{jj}$	$\cdots$	$p_n = xp_{in} + (1-x)p_{jn}$

容易验证: 线性组合生成的 L 确实是一个乐透. 实际上, 由混合乐透定义, 我们有 $L(r) = xL_i(r) + (1-x)L_j(r)$, 故

$$\sum_{r \in \mathfrak{R}} L(r) = \sum_{r \in \mathfrak{R}} (xL_i(r) + (1-x)L_j(r))$$
$$= x\sum_{r \in \mathfrak{R}} L_i(r) + (1-x)\sum_{r \in \mathfrak{R}} L_j(r)$$
$$= 1.$$

注记 4.5　乐透集 $\mathfrak{L}$ 是一个凸集 (图 4.2)[①].

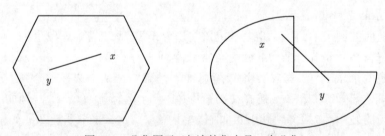

图 4.2　凸集图示 (左边的集合是一个凸集)

例 4.1　给定一个冯·诺伊曼–摩根斯坦乐透空间 $(\mathfrak{R}, \mathfrak{L})$, 其中 $\mathfrak{R} = \{1, 2, 3\}$. 设 $L_1, L_2 \in \mathfrak{L}$, $L_1 = (0, 0.3, 0.7)$, $L_2 = (0.3, 0.3, 0.4)$. 假设由 L_1 和 L_2 生成的混合乐透为 $L = \dfrac{1}{2}L_1 + \dfrac{1}{2}L_2$, 那么 $L = (0.15, 0.3, 0.55)$.

以 $r = 3$ 为例, 我们确定混合乐透指派给此结果的概率:

$$L(3) = \frac{1}{2}L_1(3) + \frac{1}{2}L_2(3)$$

---

① 集合 S 是凸的, 如果对于任意 $x, y \in S$, $a \in [0, 1]$, 有 $ax + (1-a)y \in S$.

$$= \frac{1}{2} \times 0.7 + \frac{1}{2} \times 0.4$$
$$= 0.55.$$

4.2　冯·诺伊曼–摩根斯坦表征定理

偏好关系是乐透集 $\mathfrak{L}$ 上的二元关系. 冯·诺伊曼和摩根斯坦假定偏好关系满足以下条件, 在此基础上构建了效用理论.

NM 公理 1 (偏好)　关系 "$\succ$" 为一个定义在集合 $\mathfrak{L}$ 上的偏好.

NM 公理 2 (独立性公理)　任意 $L_1, L_2, L_3 \in \mathfrak{L}$, $x \in (0,1]$,

$$L_1 \succ L_2 \Rightarrow xL_1 + (1-x)L_3 \succ xL_2 + (1-x)L_3.$$

NM 公理 3 (阿基米德公理)　任意 $L_1, L_2, L_3 \in \mathfrak{L}$, $L_1 \succ L_2 \succ L_3$, 存在 $x, y \in (0,1)$, 使得

$$xL_1 + (1-x)L_3 \succ L_2 \succ yL_1 + (1-y)L_3.$$

由偏好的定义, NM 公理 1 预设关系 "$\succ$" 是非对称的和负传递的. NM 公理 2 可用表 4.4表示. 很明显, 表格中路径 $(1-x)$ 下的结果是相同的. 从直观上看, 比较表格中的两个混合乐透可以忽略结果相同的路径, 而比较它们相异的路径; 也就是说, 混合乐透之间的偏好独立于结果相同的路径. 我们可以作一个类比: 在一个天平的两边加上或去掉一个重量相同的砝码并不改变这个天平的平衡性. 因此, 这个公理通常称为**独立性公理**.

表 4.4　独立性公理

	x	$1-x$
$L = xL_1 + (1-x)L_3$	L_1	L_3
$L' = xL_2 + (1-x)L_3$	L_2	L_3

NM 公理 3 说明了: 给定一个偏好序列 $L_1 \succ L_2 \succ L_3$, 那么存在一个概率, 使得 L_1 和 L_3 组合而得的混合乐透好于 L_2. 这类似于阿基米德公理: 不管一个正数 x 有多小, y 有多大, 存在一个正整数 n, 使得 $nx > y$. 因此, 我们通常称这个公理为阿基米德公理. 此外, 我们可以反复地应用此公理在偏好序列 $L_1 \succ L_2 \succ L_3$ 中插入任意多个混合乐透, 因而这个公理也称为偏好的**连续性公理**.

基于上述三个公理, 我们可以表征偏好, 揭示理性的预设. 在给出表征定理之前, 我们先证明一些引理.

引理 4.1　若乐透集上的偏好 $\succ$ 满足 **NM 公理 2**, $L_1, L_2 \in \mathfrak{L}$, $L_1 \succ L_2$, $0 \leqslant x < y \leqslant 1$, 则 $yL_1 + (1-y)L_2 \succ xL_1 + (1-x)L_2$.

证明 若 $x = 0$, 则由已知条件和 **NM 公理 2** 可得

$$yL_1 + (1-y)L_2 \succ yL_2 + (1-y)L_2$$
$$= L_2$$
$$= xL_1 + (1-x)L_2.$$

故当 $x = 0$ 时, 结论成立. 若 $x \neq 0$, 令 $L = yL_1 + (1-y)L_2$, 显然 $L \succ L_2$, 由 **NM 公理 2**, 我们有

$$L = \left(1 - \frac{x}{y}\right)L + \frac{x}{y}L$$
$$\succ \left(1 - \frac{x}{y}\right)L_2 + \frac{x}{y}L$$
$$= \left(1 - \frac{x}{y}\right)L_2 + \frac{x}{y}(yL_1 + (1-y)L_2)$$
$$= xL_1 + (1-x)L_2.$$

故当 $x \neq 0$ 时, 结论亦成立.   □

这个引理可以通过表 4.5 作一个直观的解释. 两边的表格分别表示两个混合乐透. 我们看到: 相比而言, 在右边的表格中, 得到 "好的" 乐透 L_1 可能性更大, 而得到 "差的" 乐透 L_2 的可能性更小, 因而决策者更偏好这个混合乐透.

表 4.5 引理 4.1 结论解释

	x	$1-x$			y	$1-y$
$xL_1 + (1-x)L_2$	L_1	L_2	$\prec$	$yL_1 + (1-y)L_2$	L_1	L_2

引理 4.2 若乐透集上的偏好 $\succ$ 满足 **NM 公理 1~3**, $L_1, L_2, L_3 \in \mathcal{L}$, $L_1 \succeq L_2 \succeq L_3$ 且 $L_1 \succ L_3$, 则存在唯一的 $z, z \in [0, 1]$, 使得 $L_2 \sim zL_1 + (1-z)L_3$.

证明 我们分别考察三种情况. 若 $L_1 \sim L_2$, 则令 $z = 1$ 可得结论. 若 $L_2 \sim L_3$, 则令 $z = 0$ 亦得到结论. 若 $L_1 \succ L_2 \succ L_3$, 令

$$z^* = \sup\{z \in [0,1] : L_2 \succeq zL_1 + (1-z)L_3\}.$$

如果 $z^* < z \leqslant 1$, 那么由 z^* 定义可知: $zL_1 + (1-z)L_3 \succ L_2$; 如果 $0 \leqslant z < z^*$, 那么由 z^* 定义和引理 4.1 可得: $L_2 \succ zL_1 + (1-z)L_3$.

实际上我们有 $z^*L_1 + (1-z^*)L_3 \sim L_2$. 下面我们分情况用反证法证明这个事实: 假设 $z^*L_1 + (1-z^*)L_3 \succ L_2 \succ L_3$, 那么根据 **NM 公理 3**, 存在 $x \in (0,1)$, 使得

$$x(z^*L_1 + (1-z^*)L_3) + (1-x)L_3 = xz^*L_1 + (1-xz^*)L_3 \succ L_2.$$

另外, 由于 $xz^* < z^*$, 因此我们有: $L_2 \succ xz^*L_1 + (1 - xz^*)L_3$, 矛盾!

假设 $L_1 \succ L_2 \succ z^*L_1 + (1 - z^*)L_3$, 那么根据 **NM 公理 3**, 存在 $x \in (0, 1)$, 使得

$$L_2 \succ xL_1 + (1 - x)(z^*L_1 + (1 - z^*)L_3)$$
$$= (x + (1 - x)z^*)L_1 + (1 - (x + (1 - x)z^*))L_3.$$

另外, 由于 $x + (1 - x)z^* > z^*$, 因此我们有

$$(x + (1 - x)z^*)L_1 + (1 - (x + (1 - x)z^*))L_3 \succ L_2,$$

与前表达式矛盾!

因此, 我们有 $z^*L_1 + (1 - z^*)L_3 \sim L_2$. 进一步, 由确界的唯一性可得 z^* 是唯一的. □

注记 4.6　　引理 4.2说明了, 给定一个偏好序列, 对于位于"最好的"和"最差的"乐透之间的任意一个乐透 L, 存在唯一的由"最好的"和"最差的"乐透生成的混合乐透 L', 使得决策者对于这两个乐透的偏好是无殊的.

注记 4.7　　在有的理性选择理论中, 这个引理被直接作为公理使用, 称为可解性公理, 用于测度决策者的主观判断, 如信念度、效用等.

引理 4.3　　若乐透集上的偏好 $\succ$ 满足 **NM 公理 1~3**, $L_1, L_2 \in \mathfrak{L}$, $L_1 \sim L_2$ 且 $0 \leqslant x \leqslant 1$, 则对任意 $L_3 \in \mathfrak{L}$, 有 $xL_1 + (1 - x)L_3 \sim xL_2 + (1 - x)L_3$.

证明　　当 $x = 0$, $x = 1$, 或任意 $L_0 \in \mathfrak{L}$, $L_0 \sim L_1 \sim L_2$ 时, 结论显然成立. 若 $x \in (0, 1)$, 假设结论不成立, 不妨设 $xL_1 + (1 - x)L_3 \succ xL_2 + (1 - x)L_3$. 进一步, 假设 $L_0 \in \mathfrak{L}$, 且 $L_0 \succ L_1 \sim L_2$. 由 **NM 公理 2**, 对于任意 $y \in (0, 1)$, 有

$$yL_0 + (1 - y)L_2 \succ yL_2 + (1 - y)L_2$$
$$= L_2 \sim L_1.$$

再次应用 **NM 公理 2**, 对于任意 $x \in (0, 1)$, 有

$$x(yL_0 + (1 - y)L_2) + (1 - x)L_3 \succ xL_1 + (1 - x)L_3. \tag{4.1}$$

由假设 $xL_1 + (1 - x)L_3 \succ xL_2 + (1 - x)L_3$, 公式 (4.1) 和 **NM 公理 3**, 存在 $z \in (0, 1)$, 使得

$$xL_1 + (1 - x)L_3 \succ$$
$$z(x(yL_0 + (1 - y)L_2) + (1 - x)L_3) + (1 - z)(xL_2 + (1 - x)L_3).$$

令 $y = \dfrac{1}{2}$, 则有

$$xL_1 + (1-x)L_3 \succ z(x(yL_0 + (1-y)L_2) + (1-x)L_3)$$
$$+ (1-z)(xL_2 + (1-x)L_3)$$
$$= \frac{xz}{2}L_0 + \left(\frac{xz}{2} + (1-z)x\right)L_2 + (1-x)L_3$$
$$= x\left(\frac{z}{2}L_0 + \left(1 - \frac{z}{2}\right)L_2\right) + (1-x)L_3.$$

另外, 由 **NM 公理 2**, 有

$$\frac{z}{2}L_0 + \left(1 - \frac{z}{2}\right)L_2 \succ \frac{z}{2}L_2 + \left(1 - \frac{z}{2}\right)L_2$$
$$= L_2 \sim L_1.$$

再次应用 **NM 公理 2**, 得到

$$x\left(\frac{z}{2}L_0 + \left(1 - \frac{z}{2}\right)L_2\right) + (1-x)L_3 \succ xL_1 + (1-x)L_3.$$

这与前面的结论矛盾. 若 $L_0 \prec L_1 \sim L_2$, 则类似可证.   □

注记 4.8　在有的理性选择理论中, 这个引理也被直接作为公理使用, 称为代入公理或者替代 **NM 公理 2** 作为独立性公理.

引理 4.4　若乐透集上的偏好 $\succ$ 满足 **NM 公理 1~3**, 则存在 $r^*, r_* \in \Re$, 使得对于任意 $L \in \mathcal{L}$, 有 $L_{r^*} \succeq L \succeq L_{r_*}$.

这个引理的证明留给读者课后练习. 引理 4.4直观上表明: 在结果集中存在一个最好的结果和一个最差的结果, 使得决策者对于乐透集中任意乐透的偏好程度位于这两个结果的指示乐透之间.

定理 4.1（冯·诺伊曼–摩根斯坦表征定理）　设 $(\Re, \mathcal{L})$ 为冯·诺伊曼–摩根斯坦乐透空间, 乐透集上的偏好 $\succ$ 满足 **NM 公理 1~3** 当且仅当存在一个函数 $u : \Re \to R$, 使得对于任意 $L, L' \in \mathcal{L}$,

$$L \succ L' \Leftrightarrow \sum_{r \in \Re} L(r)u(r) > \sum_{r \in \Re} L'(r)u(r).$$

并且, u 经正线性变换后是唯一的, 即对于任意 $u' \neq u$, 有 $u'(\cdot) = au(\cdot) + b$, 这里 $a > 0, b$ 为任意实数.

证明　充分性留给读者作为课后练习, 这里我们证明必要性. 假设乐透集上的偏好 $\succ$ 满足 **NM 公理 1~3**, 根据引理 4.4, 存在 $r_*, r^* \in \Re$, 使得对于任意 $L \in \mathcal{L}$, 有 $L_{r^*} \succeq L \succeq L_{r_*}$. 再由引理 4.2, 存在唯一的 z, 使得 $L \sim zL_{r^*} + (1-z)L_{r_*}$.

令 $f(L) = z$, $L' \in \mathfrak{L}$, 由引理 4.1得

$$f(L) > f(L') \Leftrightarrow f(L)L_{r*} + (1 - f(L))L_{r_*} \succ f(L')L_{r*} + (1 - f(L'))L_{r_*}$$
$$\Leftrightarrow L \succ L'.$$

设 $x \in [0,1]$, 反复地应用引理 4.3可得

$$xL + (1-x)L' \sim x(f(L)L_{r*} + (1 - f(L))L_{r_*}) + (1-x)(f(L')L_{r*} + (1 - f(L'))L_{r_*}).$$

即

$$xL + (1-x)L' \sim (xf(L) + (1-x)f(L'))L_{r*} + (1 - (xf(L) + (1-x)f(L')))L_{r*}.$$

故有

$$f(xL + (1-x)L') = xf(L) + (1-x)f(L').^{①}$$

对于任意 $r \in \mathfrak{R}$, 令 $u(r) = f(L_r)$, 于是, 要证必要性只需证

$$f(L) = \sum_r L(r)u(r).$$

施归纳于 L 的支持集 $\Lambda(L)$ 的长度证明. 奠基步: 若 $\Lambda(L)$ 中的元素只有一个, 这是一种平凡的情况, 结论显然成立. 归纳步: 假设 $\Lambda(L)$ 中的元素有 k 个, $1 \leqslant k \leqslant n-1$, n 为 $\mathfrak{R}$ 元素的个数, 结论 $f(L) = \sum\limits_{r \in \Lambda(L)} L(r)u(r)$ 成立. 那么当 $\Lambda(L)$ 中的元素有 $k+1$ 个时, 令

$$L'(r) = \begin{cases} 0, & r = r'; \\ \dfrac{L(r)}{1 - L(r')}, & r \neq r'. \end{cases}$$

这里 $r' \in \Lambda(L)$, 显然, $\Lambda(L')$ 的元素为 k 个, 且 $L = L(r')L_{r'} + (1 - L(r'))L'$. 由归纳假设得

$$\begin{aligned} f(L) &= f(L(r')L_{r'} + (1 - L(r'))L') \\ &= L(r')f(L_{r'}) + (1 - L(r'))f(L') \\ &= L(r')u(r') + (1 - L(r')) \sum_{r \in \Lambda(L')} L'(r)u(r) \\ &= L(r')u(r') + (1 - L(r')) \sum_{r \neq r'} \frac{L(r)}{1 - L(r')}u(r) \\ &= \sum_r L(r)u(r). \end{aligned}$$

经正线性变换后 u 的唯一性证明留给读者课后练习.　　　　　　　□

———————
① 因此, f 是一个仿射函数.

在给定结果集上的概率分布基础上, 上述定理给出效用概念, 从而表征了偏好, 并揭示了偏好最大化期望效用这一理性的预设. 对于上述表征定理, 我们强调:

- 这个定理的证明虽然比较繁琐, 但它将效用的构造过程清晰地呈现出来了. 我们将这个效用概念称为**冯·诺伊曼–摩根斯坦效用**. 在风险情形下, 理性选择涉及的效用通常就是指冯·诺伊曼–摩根斯坦效用.
- 冯·诺伊曼–摩根斯坦效用是**主观的** (私人的). 这一点可以从表征定理的证明可知. 在表征定理的必要性证明过程中, 我们实际上已经向读者展现了一个测度个体效用的可操作性方法. 例如, 要测度任意结果 r 的效用, 关键在于个体要给出一个 z, 使得

$$L_r \sim zL_{r^*} + (1-z)L_{r_*},$$

上述式子的左侧是未知的、要测度的, 当个体确定了右侧中的 z(唯一的)时, 前面我们已经证明了结果 r 的效用即为 z. 当然, 要测度某结果 r 的效用时, 不同个体给出的 z 可能不相同, 所以我们说冯·诺伊曼–摩根斯坦效用是主观的. 冯·诺伊曼–摩根斯坦的三个公理不仅保证了效用 z 的存在性, 也保证了其合理性, 即它表征了最大化期望效用的偏好.

- 效用函数经正线性变换后具有**唯一性**. 对于任意 $u' \neq u$, 有 $u'(\cdot) = au(\cdot) + b, a > 0, b$ 为任意实数. 假设 u 表征偏好, 故

$$\begin{aligned}
L \succ L' &\Leftrightarrow \sum_{r \in \Re} L(r)u(r) > \sum_{r \in \Re} L'(r)u(r) \\
&\Leftrightarrow \sum_{r \in \Re} L(r)(au(r) + b) > \sum_{r \in \Re} L'(r)(au(r) + b) \\
&\Leftrightarrow \sum_{r \in \Re} L(r)u'(r) > \sum_{r \in \Re} L'(r)u'(r).
\end{aligned}$$

因此, u' 也可以表征偏好, 即它们保持同样的序关系 (图 4.3). 这表明, 由于存在不同的效用尺度, 使得能够表征偏好的效用函数并不是唯一的, 但是这些函数可以在同一个效用尺度下表示, 从这个意义上说, 效用函数经正线性变换后具有唯一性. 这好比, 当我们测度某物体的长度时, 可以使用米作为长度单位, 也可以用厘米或英尺等作为长度单位, 不同的单位导致不同的测量结果, 但是它们都能够表示物体的长度关系. 例如, 当我们说某人身高时, 可以说他身高 1.9m, 也可以说他身高 190cm, 还可以说他身高 6.2ft[①], 等等. 但是, 我们可以将 m 作为单位, 其他的长度表示方法都可以通过正线性变换, 统一地用 m 作为单位来表示. 显然, 在同一尺度下测度某物体的长度, 结果是唯一的.

---

① 1ft=0.3048m.

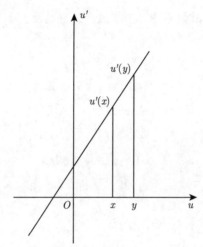

图 4.3　效用函数的正线性变换: 保持序关系

4.3　阿莱斯悖论

冯·诺伊曼–摩根斯坦期望效用理论是一种**规范性理论**. 它在三个预设的基础上, 逐步地证明这些预设所蕴含的结论. 这些预设是理论的内核, 是理论深层次的结构, 是理论证成方面的关键性因素. 在一般意义上, 这些预设要求是 "自明的", 即直观的和不言而喻的; 它们是 "应该这样的", 即事物的内在属性.

然而, 阿莱斯 (M. Allais) 在研究冯·诺伊曼–摩根斯坦期望效用理论中发现, 它不能合理地解释我们的某些决策行为. 为此, 他设计了如下乐透以支持这个观点.

- L_1: 有 100% 的机会获得 100 万元;
- L_2: 有 10% 的机会获得 500 万元, 有 89% 的机会获得 100 万元, 还有 1% 的机会什么也得不到;
- L_3: 有 11% 的机会获得 100 万元, 有 89% 的机会什么也得不到;
- L_4: 有 10% 的机会获得 500 万元, 有 90% 的机会什么也得不到.

在实验中, 他要求被试者在 L_1 和 L_2 之间选择, 并且在 L_3 和 L_4 之间选择. 阿莱斯的实验结果表明大多数人偏好乐透 L_1, 即选择确定地获得 100 万元而不愿去冒险; 而对于第二个选择, 大多数人偏好 L_4, 他们因寻求获得更多奖励而愿意冒大一点的风险. 于是, 该实验的典型偏好关系为: $L_1 \succ L_2, L_4 \succ L_3$.

读者容易验证: 根据上述偏好关系分别可以推出

$$0.11u(1000000) > 0.1u(5000000), 0.11u(1000000) < 0.1u(5000000),$$

其中 u 为效用函数. 显然, 这是矛盾的. 因此, 冯·诺伊曼–摩根斯坦期望效用理论不能解释上述典型偏好关系. 我们称这种现象为阿莱斯悖论.

事实 4.1　在阿莱斯情景中, 若独立性公理成立, 则 $L_1 \succ L_2$ 和 $L_3 \succ L_4$ 成立, 或者 $L_2 \succ L_1$ 和 $L_4 \succ L_3$ 成立.

证明　由已知: $R = \{0, 1000000, 5000000\}$,

$$L_1 = 0.11L_1 + 0.89L_1,$$
$$L_2 = 0.11L^* + 0.89L_1,$$
$$L_3 = 0.11L_1 + 0.89L_0,$$
$$L_4 = 0.11L^* + 0.89L_0,$$

其中, $L_0 = (1, 0, 0)$, $L^* = \left(\dfrac{0.01}{0.11}, 0, \dfrac{0.1}{0.11} \right)$.

若 $L_1 \succ L^*$, 则由独立性公理, $L_1 \succ L_2$ 和 $L_3 \succ L_4$ 成立; 同理, 若 $L^* \succ L_1$, 则有 $L_2 \succ L_1$ 和 $L_4 \succ L_3$ 成立. $\qquad\qquad\square$

上述事实说明阿莱斯实验中的典型性偏好关系违反了独立性公理.

4.4　文 献 注 释

本章主要参考了文献 [31] 和 [53]. 解决阿莱斯悖论的主要方法有: 应用依秩效用理论[55]、应用前景理论[30, 55]、应用非确定的效用[35], 感兴趣的读者可以查阅这些文献.

习　　题

1. 掷一枚均匀的骰子, 规定奖金数和掷到点数相同, 请确定此乐透.
2. 给定一个冯·诺伊曼–摩根斯坦乐透空间 $(\mathfrak{R}, \mathfrak{L})$, 其中 $\mathfrak{R} = \{1, 2, 3, 4\}$. 设 $L_1, L_2 \in \mathfrak{L}$, $L_1 = (0.1, 0.5, 0.2, 0.2)$, $L_2 = (0.3, 0.3, 0.3, 0.1)$. 假设由 L_1 和 L_2 生成的混合乐透为
$$L = \frac{1}{3}L_1 + \frac{2}{3}L_2,$$
   (a) 请确定 L;
   (b) 假设 $u(r) = r$, 请确定 L, L_1, L_2 之间的偏好序列.
3. 证明引理 4.4: 若乐透集上的偏好 $\succ$ 满足 NM 公理 1~3, 则存在 $r^*, r_* \in \mathfrak{R}$, 使得对于任意 $L \in \mathfrak{L}$, 有 $L_{r^*} \succeq L \succeq L_{r_*}$.
4. 证明冯·诺伊曼–摩根斯坦表征定理的充分性: 设 $(\mathfrak{R}, \mathfrak{L})$ 为冯·诺伊曼–摩根斯坦乐透空间, 若存在一个函数 $u : \mathfrak{R} \to R$, 使得对于任意 $L, L' \in \mathfrak{L}$,
$$L \succ L' \Leftrightarrow \sum_{r \in \mathfrak{R}} L(r)u(r) > \sum_{r \in \mathfrak{R}} L'(r)u(r).$$
   则乐透集上的偏好 $\succ$ 满足 NM 公理 1~3.
5. 证明冯·诺伊曼–摩根斯坦表征定理中效用函数经正线性变换后是唯一的.
6. 查阅有关阿莱斯悖论的文献写一篇述评.

第 5 章　拉姆齐主观概率理论

英国哲学家、逻辑学家、数学家和经济学家拉姆齐 (1903~1930 年) 是 20 世纪的一个天才, 可惜天不假年, 英年早逝. 在论文《真理和概率》中, 他最早为主观概率理论奠定了公理化基础, 将概率解释为**信念度**, 即个体对于命题的相信程度. 他的理论被相关领域的研究人员广泛地引用, 并对归纳逻辑、理性选择理论和经济学等学科的发展产生深远的影响.

5.1　问题和基本思想

5.1.1　不确定情形下的决策情景

假设我们从广州去往北京, 可选择的交通工具有飞机或火车. 显然, 如表 5.1 所示, 乘飞机或火车抵达目的地所花时间 (结果) 取决于行程的天气状况.

表 5.1　选择交通工具事例

	天气晴朗	有大雾	······	有大雪
乘飞机	短	长	······	长
乘火车	较长	较长	······	长

这是一个不确定情形下的决策场景. 易见, 这类场景包含三个要素. 其一是可选**行为**; 其二是 **世界状态**, 它是个体对所关心的客体的一种可能描述①, 例如各种天气状况是有关世界的一种描述; 其三是**结果**, 选择每一个行为都将相应地得到一组可能的结果, 得到其中的某个结果取决于相应的世界状态. 于是, 我们可以一般地作如下定义.

定义 5.1　一个不确定情形下的决策情景定义为一个三元组 $\mathcal{D} = (A, O, \mathfrak{S})$, 其中,

- $A = \{a_1, a_2, \cdots, a_n\}$ 是可选行为集,
- $O = \{o_{11}, o_{12}, \cdots, o_{nm}\}$ 是可能结果集,
- $\mathfrak{S} = \{s_1, s_2, \cdots, s_m\}$ 是世界状态集.

注记 5.1　拉姆齐理论通常假设行为集和世界状态集是有穷的, 因此结果集也是有穷的.

---

① 卡尔纳普给出了一个形式语言, 刻画了世界状态. 后面我们将介绍卡尔纳普的概率逻辑理论.

一般地, 不确定情形下的决策情景可以用表 5.2来表示.

表 5.2   不确定情形下的决策情景

	s_1	s_2	$\cdots$	s_m
a_1	o_{11}	o_{12}	$\cdots$	o_{1m}
a_2	o_{21}	o_{22}	$\cdots$	o_{2m}
$\vdots$	$\vdots$	$\vdots$	$\vdots$	$\vdots$
a_n	o_{n1}	o_{n2}	$\cdots$	o_{nm}

在不确定情形下的决策情景中, 显然任意行为 $a \in A$ 是一个映射 $a : \mathfrak{S} \to O$, 即 $a(s_j) = o_j$, $s_j \in \mathfrak{S}$, $o_j \in O$. 于是, 我们可以将行为 a 记为

$$a := (s_1 : o_1, s_2 : o_2, \cdots, s_m : o_m),$$

其中, $s_j : o_j$ 表示在状态 s_j 下得到结果 o_j, 见图 5.1. 在不产生混淆的情况下, 我们也可以将行为 a 简记为一个结果组合 $(o_1, o_2, \cdots, o_m)$. 特别地, 如果对于任意 s_i, $a(s_i) = o$, 即 $a = (s_1 : o, s_2 : o, \cdots, s_m : o)$, 则称 a 为一个**恒常行为**.

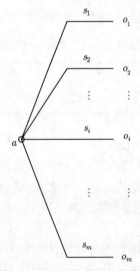

图 5.1   世界状态下的行为

注记 5.2   恒常行为 $(s_1 : o, s_2 : o, \cdots, s_m : o)$ 是一种退化的行为, 记为 o.

一个命题 p(也可以表示一个事件) 是由一些世界状态构成的集合, 其中每个世界状态使得 p 为真. 假设 $\{p_1, \cdots, p_n\}$ 为世界状态集合 $\mathfrak{S}$ 的一个分割, $2 \leqslant n \leqslant m$, 如果 $a(s_i) = o_i$, $s_i \in p_i$, 那么行为 a 可记为

$$a := (p_1 : o_1, p_2 : o_2, \cdots, p_n : o_n).$$

图示见图 5.2. 因此, 世界状态集 n 元分割之下的行为可以理解为一个**混合结果**.

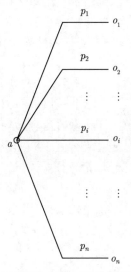

图 5.2　世界状态集 n 元分割下的行为

特别地, $\{p, \neg p\}$ 也是世界状态集合 $\mathfrak{S}$ 的一个分割. 如果当 $s_i \in p$, $s_j \in \neg p$ 时, 有 $a(s_i) = o$, $a(s_j) = o'$, $o, o' \in O$, 那么 $a = (p : o, \neg p : o')$, 简记为

$$a = opo'.$$

我们可以用决策情景 (图 5.3或表 5.3) 来表示它.

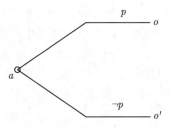

图 5.3　世界状态集二元分割之下的行为图

表 **5.3**　世界状态集二元分割之下的行为表

	p	$\neg p$
a	o	o'

注记 5.3　$opo' = o'\neg po.$

第 4 章讨论了理性选择理论的分类. 我们已明确, 在不确定情形下, 对于每个行为, 得到某些结果的概率是不确定的、未知的. 因此, 要构建一个刻画不确定情形下的理性选择理论, 就必须至少能够满足两个条件: ①它能够给出测度世界状态概率的方法, ②它能够表征个体偏好. 显然冯·诺伊曼–摩根斯坦期望效用理论不满足第一个条件.

为了达到上述目标, 拉姆齐、德菲尼蒂、安斯康姆–奥曼等人分别建立了一个不确定情形下的理性选择理论. 实际上, 他们所构建的模型是一个 **BD 模型**. 这里的 **B** (belief) 是指个体对于世界状态的**信念**, 这些信念可用主观概率来表征; **D** (desire) 是指个体对于结果的**愿望**或价值, 可以用金钱的数量或结果的效用来表征. 结合 B 和 D 两种因素, 这些理论表征了偏好.

若个体的愿望用金钱数量表示, 不进一步确定其效用, 相应的理论称为期望值理论; 若个体的愿望表征为效用, 相应的理论称为期望效用理论. 特别地, 在不确定情形下, 相应的理论通常称为主观期望值理论或主观期望效用理论.

5.1.2 基本思想

拉姆齐主观概率理论是在一定的科学背景下提出的. 众所周知, 牛顿的绝对时空观统治了相当长的一段时间, 然而, 在 19 世纪, 这种观点遭到了物理学家马赫的批判; 进入 20 世纪后, 爱因斯坦提出了相对论, 使得人们明白时间和长度区间没有确切的含义, 除非我们阐明如何去测量它们. 拉姆齐认为信念度概念也是如此, 要定义一个令人满意的信念度概念, 关键在于给出一个测量系统, 并明确一种可操作性的测度方法. 这个思想和逻辑实证主义中意义的经验划界标准是一脉相承的.

如何才能测度信念度? 一种较直接的方法是: 我们假定一个信念的程度是可以被当事人所感觉到的, 并且不同的信念由不同的感觉强度所伴随, 这样就要度量这些感觉的强度. 但这种朴素的做法是难以可行的, 因为我们很难去实现它, 正如拉姆齐的观点, 有时当事人不能辨认或觉察这种感觉: 有谁能说出 "明天会出太阳" 这一信念有多强的感觉所伴随? 在拉姆齐那里, 一个信念的程度可以由这个信念的因果效应来显示, 基于此, 他建议一种测度信念度的方法: 我们愿意根据这个信念而采取什么样的行动, 即考察一个人对每个命题的相信程度可以通过提议一个打赌, 并由其偏好来显示.

例如, 假设在足球世界杯中有两场小组比赛: A 队对 B 队、C 队对 D 队. 小组赛每场比赛有胜、负、平三种可能的结果. 假设根据已有的信息, 我们知道 A 队和 D 队的实力分别要强于 B 队和 C 队. 现在我们构造决策情景如表 5.4 和表 5.5所示.

其中 p 为 A 队在比赛中获胜, q 为 C 队在比赛中获胜; ¥10 为赢得 10 元, ¥(−8) 为输掉 8 元.

直观上, 如果个体认为 "A 队将获胜" (p 为真) 的可能性大于 "C 队将获胜" (q 为真), 那么相比行为 a' 而言他更偏好 a; 反之, 若个体对 a 的偏好超过 a', 则他对于 p 的信念度大于 q 的信念度.

表 5.4　　情景一

	p	$\neg p$
a	¥10	¥(-8)

表 5.5　　情景二

	q	$\neg q$
a'	¥10	¥(-8)

于是, 表征个体信念度就和个体理性 (即表征偏好) 联系在一起了. 这就是拉姆齐主观概率理论的主要思想, 也是所有的主观概率理论或主观期望理论的共同点, 如安斯康姆–奥曼主观期望效用理论 (后面将介绍) 和萨维奇主观期望效用理论等. 虽然它们构建理论所依赖的公理和拉姆齐主观概率理论不尽相同, 但是它们都切实地将这个思想贯彻下来.

基于这个思想, 拉姆齐分三步建构其理论: 首先, 确定一些公理, 得到效用函数以表征个体愿望; 其次, 在效用基础上定义信念度, 并论证它就是一个概率函数; 最后, 对其信念度概念予以证成.

5.2　拉姆齐公理和效用

在拉姆齐主观概率理论中, 偏好是定义在结果集上的关系. 这里需要指出, 拉姆齐是在将世界状态作二元分割的前提下构建理论的, 于是一个行为可表示为形如 opo' 的式子. 如前所述, 行为可视为混合结果, 在结果集是凸的情况下, 我们说 "行为之间的偏好" 是有意义的.

定义 5.2　设 $o, o' \in O$, $o \approx o'$, 如果 $opo' \sim o'po$, 那么称 p 为伦理中立命题, 且它的信念度为 $\dfrac{1}{2}$.

例如, "掷一枚硬币结果为正面朝上" 这个断言都是伦理中立命题. 实际上, 由 $opo' \sim o'po$ 得到 $o'\neg po \sim o\neg po'$, 因而, 如果 p 为一个伦理中立命题, 那么它的否定命题也是一个伦理中立命题.

这个定义显然体现了拉姆齐测度信念度的思想: 通过观察两个行为的偏好确定伦理中立命题的信念度为二分之一. 在此定义中, 不妨假设 $o \succ o'$, 关系 $opo' \sim o'po$ 表明了个体对于选择其中的哪个都无所谓, 显示了个体对于 p 和 $\neg p$ 的相信程度是相同的; 否则, 他将必然偏好其中的某个行为.

我们可以发现, 此定义后面 "隐藏" 着偏好被期望效用表征, 而权重即为信念度, 且满足可加性. 假设此定义中两个结果的效用分别为 $u(o)$ 和 $u(o')$, p 的信念度为 $d(p)$, $\neg p$ 的信念度为 $1 - d(p)$, 那么根据偏好表征我们有

$$opo' \sim o'po \Leftrightarrow d(p)u(o) + (1 - d(p))u(o') = d(p)u(o') + (1 - d(p))u(o)$$
$$\Leftrightarrow d(p) = \frac{1}{2}.$$

这的确可以帮助我们理解此定义. 但问题在于目前我们并没有论证在拉姆齐理论中是否存在效用函数, 也没有给出信念度定义, 因此断定信念度具有互补性是没有根据的. 而拉姆齐的这个定义不存在这样的问题, 因而它不失为一个好的定义.

定义 5.3   称结果 a 和 b 之间的价值 (定性的) 差异相当于结果 c 和 d 之间的价值差异, 如果 $apd \sim bpc$, 这里 p 为一个伦理中立命题. 我们记为 $a \ominus b = c \ominus d$.

我们可类似前面来理解这个定义. 假设存在效用函数 $u : O \to R$, 由于 p 是伦理中立命题, 其信念度为 $\frac{1}{2}$, 那么根据偏好表征我们有

$$apd \sim bpc \Leftrightarrow \frac{1}{2}u(a) + \frac{1}{2}u(d) = \frac{1}{2}u(b) + \frac{1}{2}u(c)$$
$$\Leftrightarrow u(a) - u(b) = u(c) - u(d).$$

下面, 我们给出拉姆齐公理.

公理 5.1   存在一个伦理中立命题 p, 它的信念度为 $\frac{1}{2}$.

公理 5.2   如果 p 和 q 为伦理中立命题, $apd \sim bpc$, 那么 $aqd \sim bqc$, 即 $a \ominus b = c \ominus d$.

公理 5.3   关系 "$\sim$" 具有传递性.

公理 5.4   任意 $a, b, c \in O$, 存在 $x \in O$, 使得 $a \ominus x = b \ominus c$.

公理 5.5   任意 $a, b \in O$, 存在 $x \in O$, 使得 $a \ominus x = x \ominus b$.

公理 5.6   如果 $a \ominus b = c \ominus d$, 且 $c \ominus d = e \ominus f$, 那么 $a \ominus b = e \ominus f$.

公理 5.7   连续性公理: 任意级数有一个序数极限①.

公理 5.8   阿基米德公理: 若 $a \prec b \prec c$, 则存在命题 p, q, 使得 $aqc \prec b \prec apc$.

基于上述公理, 拉姆齐指出存在一个效用函数 $u : O \to R$, 但没有给予一个严格的证明. 这里我们必须强调, 论文《真理和概率》行文非常简洁, 拉姆齐仅论述了一些重要结论, 而对于其中的技术细节, 他并未作充分的展开. 相比而言, 在这个方面其他的理性选择理论表现得更好.

从论文中, 我们可以窥察拉姆齐对于这个结论的论证思路. 在伦理中立命题

---

① 在第 4 章曾介绍, 阿基米德公理实际上保证了偏好的连续性, 因此公理 5.7 显得多余.

概念的基础上, 找到一个测度效用的尺度, 进而使用极限的方法给出任意结果的效用测度.

引理 5.1 若拉姆齐公理成立, 则对于结果 o 和 o', $o' \succ o$, 存在 $o' \ominus o$ 的一个具有 2^n 个元素的统一分割.

证明 由公理 5.5, 存在一个结果 x, 使得 $o' \ominus x = x \ominus o$. 再由公理 5.5 和公理 5.6, 对于 (x, o) 和 (o', x), 分别存在结果 y 和 z, 使得 $y \ominus o = x \ominus y = z \ominus x = o' \ominus z$. 继续这样的程序, 我们便可将 $o' \ominus o$ 分割为 2^n 个相等的元素. □

上述引理建立了一个效用单位刻度, 进一步利用极限的方法我们得到: 偏好关系满足拉姆齐公理, 当且仅当存在一个定义在结果集上的效用函数 u, 即存在 $u : O \to R$, 并且

(1) 对于任意 $o, o' \in O$, $o \succ o' \Leftrightarrow u(o) > u(o')$;

(2) 若 u, u' 为效用函数, 则 $u'(o) = au(o) + b$, 这里 $a > 0$.

5.3 信念度及其性质

5.3.1 拉姆齐信念度

假设期望效用表征偏好, 且个体认为恒常行为 "不管 p 的真假如何肯定有结果 o" 和行为 "o' 如果 p 为真, o'' 如果 p 为假" 是没有差别的, p 的信念度为 $d(p)$, $\neg p$ 的信念度为 $1 - d(p)$, 令 U 表示行为的期望效用, 那么

$$opo \sim o'po'' \Leftrightarrow U(opo) = U(o'po'')$$
$$\Leftrightarrow d(p)u(o) + (1 - d(p))u(o) = d(p)u(o') + (1 - d(p))u(o'')$$
$$\Leftrightarrow d(p) = \frac{u(o) - u(o'')}{u(o') - u(o'')}.$$

虽然上述结论预设了个体是理性的 (即期望效用表征偏好) 和信念度满足互补性, 但是它启发我们作如下定义. 以下, 我们用小写希腊字母表示结果的效用.

定义 5.4 如果 $\alpha p\alpha \sim \beta p\gamma$, $\beta \neq \gamma$, 命题 p 的信念度定义为 $d(p) = \frac{\alpha - \gamma}{\beta - \gamma}$.

注记 5.4 在上述定义中, $\alpha \in [\min\{\beta, \gamma\}, \max\{\beta, \gamma\}]$. 若不然, 假设 $\alpha > \max\{\beta, \gamma\}$, 那么 $\alpha p\alpha \succ \beta p\gamma$(前者严优于后者), 这样 $d(p)$ 没有定义. 同理, 若 $\alpha < \min\{\beta, \gamma\}$, 则 $\beta p\gamma \succ \alpha p\alpha$, 同样 $d(p)$ 也没有定义.

注记 5.5 特别地, p 为矛盾式当且仅当 $\alpha = \gamma$, p 为重言式当且仅当 $\alpha = \beta$. 在这两种情况下, $d(p)$ 分别为 0 和 1.

注记 5.6 由于行为 $\alpha p\alpha$ 是一个恒常行为, 信念度定义的条件也可表述为 $\alpha \sim \beta p\gamma$, 或 $\alpha = U(\beta p\gamma)$.

拉姆齐信念度定义可以用表 5.6 直观地表示.

表 5.6　拉姆齐信念度

	p	$\neg p$
a	α	α

$\sim$

	p	$\neg p$
a'	β	γ

$$\Downarrow$$

$$d(p) = \frac{\alpha - \gamma}{\beta - \gamma}$$

条件 $\alpha p \alpha \sim \beta p \gamma$ 意味着, 个体认为行为 $\beta p \gamma$ 的效用和效用尺度上的某个点 α 是相同的, 由此诱导出其关于 p 的信念度. 于是我们可以这样理解拉姆齐信念度概念: 考察某个体对于 p 的信念度, 我们可以先设置一个行为 $\beta p \gamma$, 然后观察他将这个行为放在效用尺度的哪个位置上 (位于 β 和 γ 之间). 这好比利用天平测量一个物体的重量, 把物体放在天平的一边, 而把等重的砝码放在另一边, 使得天平是平衡的. 值得注意的是, 当事人对行为 $\beta p \gamma$ 的效用赋值可能是不相同的, 因此信念度是**主观的或者私人的**.

例 5.1　令 p 为 "明天有雨", 设定行为 $a = 5p5$, $a' = 9p1$. 若某人有偏好关系 $a \sim a'$, 则由定义 5.4, 我们有

$$d(p) = \frac{5 - 1}{9 - 1} = \frac{1}{2}$$

为他对于明天有雨的信念度.

与上述定义的方法类似, 我们可如下定义条件信念度.

定义 5.5 (条件信念度)　如果 $\alpha q \beta \sim (p \wedge q : \gamma, \neg p \wedge q : \delta, \neg q : \beta)$, $\gamma \neq \delta$, 那么在给定 q 的条件下 p 的信念度定义为

$$d(p \mid q) = \frac{\alpha - \delta}{\gamma - \delta}.$$

这个定义的条件也可以表达为

$$(p \wedge q : \alpha, \neg p \wedge q : \alpha, \neg q : \beta) \sim (p \wedge q : \gamma, \neg p \wedge q : \delta, \neg q : \beta).$$

因此, 该定义可以用表 5.7 直观地表示.

表 5.7　条件信念度

	$p \wedge q$	$\neg p \wedge q$	$\neg q$
a	α	α	β

$\sim$

	$p \wedge q$	$\neg p \wedge q$	$\neg q$
a'	γ	δ	β

$$\Downarrow$$

$$d(p \mid q) = \frac{\alpha - \delta}{\gamma - \delta}$$

注记 5.7　类似前面分析, 这里 α 在区间 $[\min\{\gamma, \delta\}, \max\{\gamma, \delta\}]$ 内取值.

注记 5.8　如果 q 确定为假, 那么条件信念度定义没有意义.

5.3.2　信念度的性质

引理 5.2　$d(p) + d(\neg p) = 1$.

证明　假设 $\alpha p\alpha \sim \beta p\gamma$. 根据信念度定义, 我们有 $d(p) = \dfrac{\alpha - \gamma}{\beta - \gamma}$. 显然,

$$\alpha p\alpha = \alpha\neg p\alpha, \quad \beta p\gamma = \gamma\neg p\beta.$$

于是, 我们有 $\alpha\neg p\alpha \sim \gamma\neg p\beta$. 因此, $d(\neg p) = \dfrac{\alpha - \beta}{\gamma - \beta}$. 故 $d(p) + d(\neg p) = 1$.　□

由信念度定义和上述引理, 我们有

$$
\begin{aligned}
U(\beta p\gamma) &= \beta d(p) + \gamma d(\neg p) \\
&= \beta d(p) + \gamma(1 - d(p)) \\
&= \beta \frac{\alpha - \gamma}{\beta - \gamma} + \gamma\left(1 - \frac{\alpha - \gamma}{\beta - \gamma}\right) \\
&= \alpha.
\end{aligned}
$$

这与注记 5.6一致.

引理 5.3　$d(p \mid q) + d(\neg p \mid q) = 1$.

证明　假设 $(p \wedge q : \alpha, \neg p \wedge q : \alpha, \neg q : \beta) \sim (p \wedge q : \gamma, \neg p \wedge q : \delta, \neg q : \beta)$. 根据信念度定义, 我们有 $d(p \mid q) = \dfrac{\alpha - \delta}{\gamma - \delta}$. 显然,

$$(p \wedge q : \alpha, \neg p \wedge q : \alpha, \neg q : \beta) = (\neg p \wedge q : \alpha, p \wedge q : \alpha, \neg q : \beta),$$

$$(p \wedge q : \gamma, \neg p \wedge q : \delta, \neg q : \beta) = (\neg p \wedge q : \delta, p \wedge q : \gamma, \neg q : \beta).$$

由假设得

$$(\neg p \wedge q : \alpha, p \wedge q : \alpha, \neg q : \beta) \sim (\neg p \wedge q : \delta, p \wedge q : \gamma, \neg q : \beta).$$

由条件信念度定义, $d(\neg p \mid q) = \dfrac{\alpha - \gamma}{\delta - \gamma}$. 故 $d(p \mid q) + d(\neg p \mid q) = 1$.　□

引理 5.4　令 $x = d(p)$, 那么对任何 t, 有 $\xi p\xi \sim ((\xi + (1 - x)t)p(\xi - xt))$.

证明　假设 $\alpha p\alpha \sim ((\xi + (1 - x)t)p(\xi - xt))$, 那么根据定义 5.4, 我们有

$$x = \frac{\alpha - (\xi - xt)}{\xi + (1 - x)t - (\xi - xt)}.$$

故 $\alpha = \xi$. 命题得证.　□

引理 5.5　令 $x = d(p)$, $y = d(q \mid p)$, 那么对于任何 t 和 u, 有

$$(\xi + (1-x)t)p\beta \sim (p \wedge q : (\xi + (1-x)t + (1-y)u), p \wedge \neg q : (\xi + (1-x)t - yu), \neg p : \beta).$$

证明　假设 $\alpha p\beta \sim (p \wedge q : (\xi + (1-x)t + (1-y)u), p \wedge \neg q : (\xi + (1-x)t - yu), \neg p : \beta)$. 由定义 5.5, 我们有

$$y = \frac{\alpha - \xi - (1-x)t + yu}{\xi + (1-x)t + (1-y)u - \xi - (1-x)t + yu},$$

因而, $\alpha = \xi + (1-x)t$. 命题得证. □

定理 5.1　信念度函数 d 满足:

(1) $0 \leqslant d(p) \leqslant 1$.

(2) $d(p \wedge q) = d(p)d(q \mid p)$.

(3) 如果 p 和 q 不相容, 那么 $d(p \vee q) = d(p) + d(q)$.

证明　先证明性质 (1). 由于 $\alpha \in [\min\{\beta, \gamma\}, \max\{\beta, \gamma\}]$, 故根据定义 5.4, 显然 $0 \leqslant d(p) \leqslant 1$ 成立.

接下来我们证明性质 (2). 由引理 5.4和引理 5.5, 对于任何 t 和 u, 我们有

$$\xi = U((p \wedge q : (\xi + (1-x)t + (1-y)u), p \wedge \neg q : (\xi + (1-x)t - yu), \neg p : (\xi - xt))).$$

如果 $y \neq 0$, 令 $\xi + (1-x)t - yu = \xi - xt$, 那么 $u = \dfrac{t}{y}$. 于是,

$$\xi = U(((\xi + (1-x)t + (1-y)t/y)(p \wedge q)(\xi - xt))).$$

由定义 5.4, 可得

$$\begin{aligned}
d(p \wedge q) &= \frac{\xi - (\xi - xt)}{(\xi + (1-x)t + (1-y)t/y) - (\xi - xt)} \\
&= xy \\
&= d(p)d(q \mid p).
\end{aligned}$$

如果 $y = 0$, 那么令 $t = 0$, 这样有 $\xi p\xi \sim ((\xi + u)(p \wedge q)\xi)$. 由定义 5.4, 可得

$$\begin{aligned}
d(p \wedge q) &= \frac{\xi - \xi}{\xi + u - \xi} \\
&= 0 = d(p)d(q \mid p).
\end{aligned}$$

故 $d(p \wedge q) = d(p)d(q|p)$.

最后我们证明性质 (3). 显然, $p \vee q \Leftrightarrow \neg(\neg p \wedge \neg q)$. 假设 $d(\neg p) \neq 0$, 那么根据引理 5.2、引理 5.3 和定理 5.1, 我们有

$$
\begin{aligned}
d(p \vee q) &= d(\neg(\neg p \wedge \neg q)) \\
&= 1 - d(\neg p \wedge \neg q) \\
&= 1 - d(\neg p)d(\neg q \mid \neg p) \\
&= 1 - d(\neg p)(1 - d(q \mid \neg p)).
\end{aligned}
$$

如果 p 和 q 不相容, 那么 $q \Leftrightarrow q \wedge \neg p$, 故 $d(q \wedge \neg p) = d(q)$. 因此,

$$
\begin{aligned}
d(p \vee q) &= 1 - d(\neg p)\left(1 - \frac{d(q)}{d(\neg p)}\right) \\
&= d(p) + d(q).
\end{aligned}
$$

如果 $d(\neg p) = 0$, 那么命题 p 为重言式 (此时 $d(p) = 1$). 由题设可得命题 q 为矛盾式, 故 $d(q) = 0$, 因而 $d(p) + d(q) = 1$. 另外, 由于命题 p 为重言式, 故 $p \vee q$ 也为重言式, 那么 $d(p \vee q) = 1$. 因此, $d(p \vee q) = d(p) + d(q)$. □

由此可见, 概率论的公理是拉姆齐理论中的定理, 因此拉姆齐主观概率理论可以看作概率的一种解释: 概率是主观的或私人的, 它表征个体对命题的置信程度.

5.4　文献注释

《真理和概率》被收录到很多经典文库或专辑之中, 如文献 [22], [32], [45], 中译本可参考文献 [5]. 关于拉姆齐效用存在性的证明可参考文献 [58].

习　　题

1. 请举例说明不确定情形下的决策情景、世界状态分割下的行为.
2. 请举例说明拉姆齐信念度定义.
3. 请举例说明拉姆齐条件信念度定义.
4. 假设你对于 "¥10p¥x" 偏好超过 "¥10q¥x", 那么你对于 "¥10¬p¥x" 偏好超过 "¥10¬q¥x" 吗? 请说明你的理由.
5. 假设 $\beta \neq \gamma$, p 和 q 不相容, $\alpha p \alpha \sim \beta p \gamma$, $\alpha' q \alpha' \sim \beta q \gamma$, 请确定 ρ, 使得 $\rho(p \vee q)\rho \sim \beta(p \vee q)\gamma$.
6. 试证明: 设 $a, b, c \in O$, $b \succeq a \succeq c$, $b \succ c$, 且偏好满足阿基米德公理, 则存在 p, 使得 $a \sim bpc$.
7. 请定义一个定性的信念度概念 $\unrhd$, 使得它具有性质: $p \unrhd q \Leftrightarrow d(p) \geqslant d(q)$.

第 6 章 德菲尼蒂主观概率理论

在第 5 章, 我们介绍了拉姆齐主观概率理论, 它是一种不确定情形下的理性选择理论. 这个理论最突出的贡献在于, 它提出了测度信念度和效用的方法, 其测度信念度的思想为构建期望效用理论乃至表征主观判断提供了一个非常重要的路径. 但是, 我们也应该注意到, 该理论是在世界状态二元分割的前提下构建的, 因此一个行为局限于形如 opo' 的式子, 即行为仅有两个可能的结果. 从这个角度来看, 拉姆齐主观概率理论具有一定的局限性.

意大利统计学家和哲学家德菲尼蒂 (1906~1985 年) 提出了一个主观概率理论, 克服了拉姆齐主观概率理论的这个困难. 与拉姆齐的研究方法类似, 德菲尼蒂在一些公理的基础上, 证明世界状态集存有唯一的概率函数, 从而给出了测度世界状态概率的方法. 值得注意的是, 德菲尼蒂在概率的哲学基础方面所取得的成就, 令世人瞩目, 其论著也成为归纳逻辑和概率基础等相关领域的经典文献.

6.1 基 本 概 念

在定义基本概念之前, 我们先给出一个例子. 假设张三是一个街头小贩, 需要决定明天带什么样的商品去卖, 如冰淇淋和热狗. 销售净利润取决于明天的天气, 因为当天没有售出的商品会过期, 销售净利润可能是负数. 尽管天气条件有很多状态, 但为了简单起见, 我们假设只有三种可能性: 不下雨, 间歇下雨, 整天下雨. 表 6.1显示了张三在不同状态下的销售利润 (以元为单位).

表 6.1 销售利润　　　　　　　　　　　　　　(单位: 元)

	状态		
	不下雨	间歇下雨	整天下雨
卖冰淇淋	300	100	−300
卖热狗	−300	100	300
两者都卖	0	200	0
歇业	0	0	0

在德菲尼蒂那里, "卖冰淇淋" 等行为被称为打赌. 一般地, 我们可以作如下定义.

定义 6.1　　德菲尼蒂决策情景为一个三元组 $(\mathcal{B}, \mathcal{G}, \mathcal{R})$, 其中

- $\mathfrak{B} = \{B_1, \cdots, B_m\}$ 为打赌集, 其中 B_i 为一个打赌;
- $\mathfrak{S} = \{s_1, \cdots, s_n\}$ 为世界状态集;
- $\mathfrak{R} = \{r_{11}, \cdots, r_{mn}\}$ 为结果集.

注记 6.1　在德菲尼蒂决策情景 (表 6.2) 中, 我们假设打赌集是非空的, 世界状态集是有穷的, 结果集中的元素 r_{ij} 是金钱的数量.

表 6.2　德菲尼蒂决策情景

	s_1	$\cdots$	s_j	$\cdots$	s_n
B_1	r_{11}	$\cdots$	r_{1j}	$\cdots$	r_{1n}
$\cdots$	$\cdots$				$\cdots$
B_i	r_{i1}	$\cdots$	r_{ij}	$\cdots$	r_{in}
$\cdots$	$\cdots$				$\cdots$
B_m	r_{m1}	$\cdots$	r_{mj}	$\cdots$	r_{mn}

从表 6.2 中可知: 任意打赌 B_i 是一个映射, 可以表达为一个向量

$$B_i = (r_{i1}, \cdots, r_{in}),$$

其中 r_{ij} 为该打赌在世界状态 s_j 下所得的结果, 因此打赌可以看作 n 维欧氏空间里的点.

定义 6.2　打赌为一个映射 $B : \mathfrak{S} \to \mathfrak{R}$.

注记 6.2　恒常打赌 (表 6.3) 是一个退化的打赌: 这个打赌在任意状态下得到相同的奖金.

表 6.3　恒常打赌

	s_1	$\cdots$	s_j	$\cdots$	s_n
r	r	$\cdots$	r	$\cdots$	r

在表 6.3 中, 给定的打赌在所有状态下获得的收益都是 r, 我们记这样的打赌为 **r**, 显然 **r** $\in \mathfrak{B}$. 特别地, 当 $r = 0$ 时, 记相应的退化打赌为向量 **0**, 它表示无论在什么状态下, 决策者不得不失. 直观上, 若某个打赌的期望至少为不损失金钱, 则这样的打赌是可接受的; 反之, 若某个打赌的期望是损失金钱, 则此类打赌是不可接受的.

定义 6.3　如果 $B \succeq \mathbf{0}, B \in \mathfrak{B}$, 那么称 B 为可接受的打赌; 若 $B \prec \mathbf{0}$, 则称 B 为不可接受的打赌.

记 $\mathcal{C} = \{B \in \mathfrak{B} : B \succeq \mathbf{0}\}$ 为可接受的打赌集, $\mathcal{D} = \{B \in \mathfrak{B} : \mathbf{0} \succ B\}$ 为不可接受的打赌集.

注记 6.3　$\mathcal{C} \cap \mathcal{D} = \varnothing, \mathcal{C} \cup \mathcal{D} = \mathfrak{B}$.

集合 $\mathcal{C}$ 和 $\mathcal{D}$ 的性质依赖于关系 $\succeq$ 的性质, 下一节在偏好满足某些预设的基础上进一步讨论它们的性质.

定义 6.4 (混合打赌) 设 $(\mathfrak{B}, \mathfrak{S}, \mathfrak{R})$ 为德菲尼蒂决策情景, $B_i, B_j \in \mathfrak{B}$, $x \in [0,1]$, 由它们生成的混合打赌 B 定义为如下的线性组合

$$B = xB_i + (1-x)B_j.$$

注记 6.4 假设 B 是由 B_i 和 B_j 生成的混合打赌, 那么对于任意 $s \in \mathfrak{S}$,

$$B(s) = xB_i(s) + (1-x)B_j(s).$$

显然, 对于任意 $s \in \mathfrak{S}$, $B(s) \in \mathfrak{R}$, 故 $B = xB_i + (1-x)B_j \in \mathfrak{B}$, 因此 $\mathfrak{B}$ 是一个凸集.

在前面的例子中, 假设张三不确定卖冰淇淋 (B_1) 还是热狗 (B_2), 他采取随机性策略: 带上冰淇淋和热狗的概率均为 1/2, 由此生成一个混合打赌 $\frac{1}{2}B_1 + \frac{1}{2}B_2 = (0, 100, 0)$.

在给定表 6.1下, 张三如何理性地选择? 假设他的偏好由期望值表征, 即偏好最大化打赌的期望值, 亦即: 状态集 $\mathfrak{S}$ 存有概率函数 p, 使得对于任意 $B, B' \in \mathfrak{B}$, 任意 $s \in \mathfrak{S}$,

$$B \succeq B' \Leftrightarrow \sum_s p(s)B(s) \geqslant \sum_s p(s)B'(s).$$

请注意: 上述表达式是对概率乘以金额进行求和, 而非对概率乘以金钱的效用进行求和, 因此上述求和是表示打赌的期望值而非期望效用.

进一步假设他以概率 $p($ 不下雨 $) = p($ 间歇下雨 $) = p($ 整天下雨 $) = \frac{1}{3}$. 那么打赌 "卖冰淇淋" 的期望值为: $300 \times \frac{1}{3} + 100 \times \frac{1}{3} + (-300) \times \frac{1}{3} = \frac{100}{3}$. 类似地, "卖热狗" 的期望值为 $\frac{100}{3}$, "两者都卖" 的期望值为 $\frac{200}{3}$, "歇业" 的期望值为 0. 因此, 张三的偏好序列为: 两者都卖 $\succ$ 卖冰淇淋 $\sim$ 卖热狗 $\succ$ 歇业.

接下来, 我们介绍德菲尼蒂主观概率理论, 并证明偏好的表征定理.

6.2 德菲尼蒂表征定理

6.2.1 德菲尼蒂公理

我们先给出德菲尼蒂主观概率理论的公理. 假设偏好为非空集合 $\mathfrak{B}$ 的二元关系, 即是集合 $\mathfrak{B} \times \mathfrak{B}$ 的子集.

D 公理 1 (偏好)　"$\succeq$"为定义在打赌集 $\mathfrak{B}$ 上的偏好 (满足完全性和传递性).

D 公理 2 (连续性)　偏好是连续的: 对于任意 $B \in \mathfrak{B}$, 集合 $\{B' \in \mathfrak{B} : B \succ B'\}$, $\{B' \in \mathfrak{B} : B' \succ B\}$ 是开集[①].

打赌 B 是欧氏空间 R^n 上的一点, 集合 $\{B' \in \mathfrak{B} : B \succ B'\}$ 和 $\{B' \in \mathfrak{B} : B' \succ B\}$ 是欧氏空间 R^n 上的点集. 若它们是欧氏空间 R^n 上的开集, 则其中的每一点都是它们的内点, 即它们包含该点的某个邻域. 偏好连续性公理表示的思想是: 打赌集 $\mathfrak{B}$ 中任意点与其某个邻域中的所有点之间的偏好关系是一致的.

D 公理 3 (可加性)　对于任意 $B_1, B_2, B_3 \in \mathfrak{B}$, $B_1 \succeq B_2$ 当且仅当 $B_1 + B_3 \succeq B_2 + B_3$.

这个公理类似于冯·诺伊曼–摩根斯坦期望效用理论的 **NM 公理 2**: B_1 和 B_2 之间的偏好关系与 $B_1 + B_3$(B_1 和 B_3 同时进行的打赌) 和 $B_2 + B_3$(B_2 和 B_3 同时进行的打赌) 之间的偏好关系是一致的. 例如, 在 6.1 节的例子中, 记 s_i, $i = 1, 2, 3$, 分别表示三个状态, B_1, B_2, B_3 分别表示打赌 "卖冰淇淋", "卖热狗" 和 "卖报纸". 表 6.4 直观上解释了独立性公理: 若卖冰淇淋不次于卖热狗, 则同时卖冰淇淋和报纸不次于同时卖热狗和报纸.

表 6.4　偏好可加性

	s_1	s_2	s_3			s_1	s_2	s_3
B_1	300	100	-300	$\succeq$	B_2	-300	100	300
B_3	150	100	50		B_3	150	100	50
$B_1 + B_3$	450	200	-250	$\succeq$	$B_2 + B_3$	-150	200	350

D 公理 4 (单调性)　对于任意 $B, B' \in \mathfrak{B}$, 如果对于任意 $s \in \mathfrak{S}$, $B(s) \geqslant B'(s)$, 那么有 $B \succeq B'$.

偏好单调性公理是非常自明的, 几乎所有的理性选择理论均满足这个性质. 它要表示的思想是: 如果一个打赌在任意情况下获得的收益不小于另一个打赌在相同情况下获得的收益, 那么决策者对前一打赌的偏好不次于后者. 表 6.5 直观上解释了这个公理: 打赌 B_1 在状态 s_1 和 s_2 下得到的收益均大于打赌 B_2 在这两个状态下得到的收益, 同时它们在 s_3 下获得的收益相同, 此时有 $B_1 \succeq B_2$.

表 6.5　偏好单调性

	s_1	s_2	s_3			s_1	s_2	s_3
B_1	300	100	-300	$\succeq$	B_2	200	50	-300

---

① 开集的一些重要性质: 空集和全集是开集, 任意个开集的并集是开集, 有限个开集的交集是开集, 开集的补集是闭集.

D 公理 5 (非平凡性)   集合 $\mathfrak{B}$ 中存在 B, B', 使得 $B \succ B'$.

这个公理避免了打赌集中所有元素都是没有区别的, 后面我们将论证它保证了不可接受的打赌集是非空的.

6.2.2   主观概率及表征定理

下面, 我们将证明本章的主要结论: 德菲尼蒂表征定理. 这个结论的简洁证明思路是应用超平面分离定理, 但需要一点泛函分析的知识, 读者可以跳过这个证明的细节.

引理 6.1   如果打赌集上的偏好 $\succeq$ 满足 **D 公理 2** 和 **D 公理 5**, 那么可接受的打赌集 $\mathcal{C}$ 是一个闭集, 不可接受的打赌集 $\mathcal{D}$ 是一个开集, 并且 $\mathcal{C}$ 和 $\mathcal{D}$ 是非空的.

证明   由 **D 公理 2** 直接可得 $\mathcal{D}$ 是开集. 进一步, 显然 $\mathcal{C} \cap \mathcal{D} = \varnothing$, 且 $\mathcal{C} \cup \mathcal{D} = \mathfrak{B}$, 因此 $\mathcal{C}$ 是 $\mathcal{D}$ 的补集, 故 $\mathcal{C}$ 是闭集.

因为 $\mathbf{0} \succeq \mathbf{0}$ 恒成立, 所以 $\mathcal{C}$ 不为空. 若 $\mathcal{D}$ 是空集, 则对于任意 $B \in \mathfrak{B}$, 总有 $B \succeq \mathbf{0}$. 另外, 由 **D 公理 5** 可知, 存在 $B, B' \in \mathfrak{B}$, 使得 $B \succ B'$, 即 $\mathbf{0} \succ B' - B$, 而 $B' - B \in \mathfrak{B}$, 这与对于任意 $B \in \mathfrak{B}$, $B \succeq \mathbf{0}$ 相矛盾! 因此 $\mathcal{D}$ 也是非空的.   □

引理 6.2   如果打赌集上的偏好 $\succeq$ 满足 **D 公理 1~3**, 那么 $\mathcal{C}$ 和 $\mathcal{D}$ 是凸集.

证明   由于证明 $\mathcal{C}$ 和 $\mathcal{D}$ 是凸集的思路相似, 这里我们只证明 $\mathcal{C}$ 是凸集. 假设 $B, B' \in \mathcal{C}$, 由 **D 公理 1**, $\succeq$ 是完全的, 不妨设 $B \succeq B'$, 则需要证明: 对于任意 $\lambda \in [0, 1]$, $Z = \lambda B + (1 - \lambda) B' \in \mathcal{C}$.

要证 $Z \in \mathcal{C}$, 即要证 $B \succeq Z \succeq B'$. 因为若 $B \succeq Z \succeq B'$ 成立, 由假设可知 $B' \succeq \mathbf{0}$, 再由 **D 公理 1** 可知 $\succeq$ 是传递的, 于是 $Z \succeq \mathbf{0}$, 故 $Z \in \mathcal{C}$.

接下来, 我们证明 $B \succeq Z \succeq B'$. 基本思路是: 考虑二进分数, 形如 $\dfrac{k}{2^i} (k, i$ 为正整数), 在区间 $[0, 1]$ 上是稠密的, 所以这个区间内的任意实数都可以由二进分数去逼近. 进一步, 根据 **D 公理 2** 知偏好是连续的, 因而以某个二进分数为极限的非二进分数生成的混合打赌将保持相同的序. 形式上, 令

$$Z_i^k = \frac{k}{2^i} B + \left(1 - \frac{k}{2^i}\right) B'.$$

假设 $\lambda \to \dfrac{k}{2^i}$, 且 λ 不是二进分数. 若 $B \succeq Z_i^k \succeq B'$, 则由 **D 公理 2** 和开集的定义, 对于 Z_i^k 的领域中的点 Z, 有 $B \succeq Z \succeq B'$. 因此, 我们只需证明 $B \succeq Z_i^k \succeq B'$ 即可.

我们应用归纳法证明. 首先证当 $i, k = 1$ 时, $B \succeq Z_i^k \succeq B'$ 成立. 此时 $\lambda = 1/2$, $Z_1^1 = \dfrac{B + B'}{2}$. 令 $M_1^1 = \dfrac{B' - B}{2}$, 则有 $B + M_1^1 = Z_1^1$, $Z_1^1 + M_1^1 = B'$.

根据 **D 公理 3**, 我们有

$$B \succeq Z_1^1 \Leftrightarrow B + M_1^1 \succeq Z_1^1 + M_1^1 \Leftrightarrow Z_1^1 \succeq B'.$$

因此, 只需证明 $B \succeq Z_1^1$ 即可. 假设 $Z_1^1 \succ B$, 则有 $Z_1^1 + M_1^1 \succ B + M_1^1$, 即 $B' \succ Z_1^1$, 再由 $\succeq$ 的传递性, 得 $B' \succ B$, 这与假设 $B \succeq B'$ 矛盾! 因此当 $i, k = 1$ 时, $B \succeq Z_1^1 \succeq B'$ 成立, 从而 $Z_1^1 \in \mathcal{C}$.

接下来证明 $k = 1, i = 2$, $Z_2^1 = \dfrac{1}{4} B + \dfrac{3}{4} B' \in \mathcal{C}$ 成立. 前面已证 $Z_1^1 \in \mathcal{C}$, 令 $M_2^1 = \dfrac{Z_1^1 - B}{2}$, 重复上面的步骤即得 $Z_1^1 \succeq Z_2^1 \succeq B'$, 于是 $Z_2^1 \in \mathcal{C}$. 类似可证其他情形. $\qquad\square$

定理 6.1 (**超平面分离定理**)　如果非空集合 C 和 D 是一个欧几里得空间 R^n 上的凸子集, $C, D \subset X$, $C \cap D = \varnothing$, 且 C 或者 D 含有内点, 那么存在一个非零线性函数 $f : X \to R$, 实数 c, 使得

$$x \in C \Leftrightarrow f(x) \geqslant c, \quad x \in D \Leftrightarrow f(x) < c.$$

这个定理要说明的观点是一个向量空间上的两个非空不相交的凸子集能够被一个非零的线性泛函 (超平面) 分离, 这里我们省略证明. 图 6.1 直观上表示了此定理.

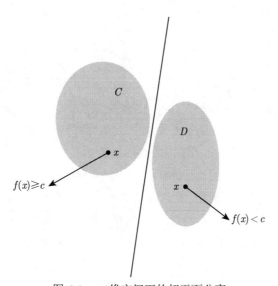

图 6.1　二维空间下的超平面分离

基于上述引理和定理, 我们可以得到以下定理.

定理 6.2 (德菲尼蒂表征定理)　定义在打赌集上的偏好 $\succeq$ 满足 **D 公理 1~5** 当且仅当状态集 $\mathfrak{S}$ 上存在唯一的概率函数 p, 使得对于任意 $B, B' \in \mathfrak{B}$, 任意 $s \in \mathfrak{S}$,

$$B \succeq B' \Leftrightarrow \sum_s p(s)B(s) \geqslant \sum_s p(s)B'(s).$$

证明　充分性可以逐一验证, 在此省略, 我们只证明必要性. 由引理 6.1、引理 6.2 和超平面分离定理, 存在一个线性函数 $f : \mathfrak{B} \to R$ 和实数 c, 使得

$$B \in \mathcal{C} \Leftrightarrow f(B) \geqslant c, \quad B \in \mathcal{D} \Leftrightarrow f(B) < c.$$

由于 $\mathbf{0} \in \mathcal{C}$, 故 $f(\mathbf{0}) \geqslant c$, 因此 $c \leqslant 0$. 假设 $c < 0$, 则存在 B 满足 $f(B) = \dfrac{3c}{4}$, 故 $f(B) > c$, 从而 $B \in \mathcal{C}$. 进一步, 我们有 $f(2B) = \dfrac{3}{2}c < c$, 因此 $2B \in \mathcal{D}$, 故 $B \succ \mathbf{0} \succ 2B$. 另外, 根据 **D 公理 3**, 我们有

$$B \succ \mathbf{0} \Leftrightarrow B + B \succ B,$$

故 $2B \succ B \succ \mathbf{0}$, 这与刚才得到的结论矛盾! 因此, $c = 0$.

于是我们可得

$$
\begin{aligned}
B \succeq B' &\Leftrightarrow B - B' \succeq \mathbf{0} \\
&\Leftrightarrow B - B' \in \mathcal{C} \\
&\Leftrightarrow f(B - B') \geqslant 0 \\
&\Leftrightarrow A^{\mathrm{T}}(B - B') \geqslant 0.
\end{aligned}
$$

这里 $A = \begin{pmatrix} a_1 \\ \vdots \\ a_n \end{pmatrix}$, 其中 $a_i = f(e_i)$, e_i 为第 i 分量为 1、其余分量为 0 的向量[①].

我们应该注意: A 中任意分量 $a_i \geqslant 0$. 实际上, 由 **D 公理 4**, $e_i \succeq \mathbf{0}$, 故有 $f(e_i - \mathbf{0}) \geqslant 0$, 即 $a_i \geqslant 0$. 同时我们应注意到并非任意的 $a_i = 0$, 否则有对于任意 B, $f(B) = \mathbf{0}$, 故 $\mathcal{D} = \varnothing$, 这和引理 6.1 的结论矛盾!

于是, 我们定义

$$p_i = \frac{a_i}{\sum\limits_i a_i},$$

由于 $p_i \geqslant 0$, $\sum\limits_i p_i = 1$, 故 $p = (p_1, \cdots, p_n)$ 是 $\mathfrak{S}$ 上的概率分布列, 且是唯一的. 因此, 我们有

$$B \succeq B' \Leftrightarrow A^{\mathrm{T}}(B - B') \geqslant 0$$

---

① 这里的 **A** 实际上是超平面的法向量.

$$\Leftrightarrow \sum_s p(s)B(s) \geqslant \sum_s p(s)B'(s).$$

定理得证.　　　　　　　　　　　　　　　　　　　　　　　　　　　　　□

在德菲尼蒂表征定理中, 我们应注意以下几点:

- 偏好由期望值而非期望效用表征. 因此, 德菲尼蒂的这个理论亦称为德菲尼蒂主观概率理论, 它并不表征结果的效用. 整体来看, 它是比较简洁的.

- 类似于拉姆齐主观概率理论, 期望值的权重——概率——可以由个体的偏好引出. 因此, 这个概率解释为主观概率, 它用来表征个体的信念.

下面, 我们给出一个例子说明德菲尼蒂主观概率理论是如何由偏好引出主观概率的. 回到本章开始的例子. 假设在三种可能的状态下张三的销售利润如表 6.6所示.

表 6.6　一个由偏好引出主观概率的例子　　　　　　　　　（单位: 元）

	s_1	s_2	s_3
$B_1=$ 卖冰淇淋	400	100	−600
$B_2=$ 卖热狗	−500	100	300
$\mathbf{0}=$ 歇业	0	0	0

在给定上述德菲尼蒂决策情景下, 假设张三具有偏好关系 $B_1 \sim B_2 \sim \mathbf{0}$, 那么由定理 6.2 的证明过程, 有

$$(a_1, a_2, a_3)B_1 = (a_1, a_2, a_3)B_2 = \mathbf{0},$$

即

$$(a_1, a_2, a_3)\begin{pmatrix} 400 \\ 100 \\ -600 \end{pmatrix} = (a_1, a_2, a_3)\begin{pmatrix} -500 \\ 100 \\ 300 \end{pmatrix} = \mathbf{0},$$

因此, $a_1 = a_3 = \dfrac{1}{2}a_2$. 于是我们可以引出

$$p(s_1) = \frac{a_1}{a_1 + a_2 + a_3} = \frac{a_1}{4a_1} = \frac{1}{4},$$
$$p(s_2) = \frac{a_2}{a_1 + a_2 + a_3} = \frac{2a_1}{4a_1} = \frac{1}{2},$$
$$p(s_3) = \frac{a_3}{a_1 + a_2 + a_3} = \frac{a_1}{4a_1} = \frac{1}{4}.$$

为张三的主观概率 (信念), $B_1^{\mathrm{T}} = (400, 100, -600)$ 和 $B_2^{\mathrm{T}} = (-500, 100, 300)$ 为超平面上的点.

6.3　文献注释

文献 [24] 阐述了德菲尼蒂表征定理的证明思路, 仅提供了一个简略的证明. 文献 [8] 给出了超平面分离定理的证明, 有兴趣的同学参考其中的第 5 章第 9 节.

习　　题

1. 在 6.1 节的例子中, 假设张三的偏好是 $(400, 0, 0) \succ (0, 0, 400)$, 证明 $p(s_1) > p(s_3)$.
2. 在 6.1 节的例子中, 假设张三的偏好是 $(100, 0, 0) \sim \mathbf{50}$, $(0, 100, 0) \sim \mathbf{25}$, ①试求 $p(s_1)$, $p(s_2)$, $p(s_3)$; ②假设 $(0, 0, 100) \sim \mathbf{r}$, 试求 r; ③确定打赌 $(0, 100, 0)$ 和 $(0, 0, 100)$ 之间的偏好关系.
3. 试证明德菲尼蒂表征定理的充分性.
4. 试给出一个例子说明德菲尼蒂主观概率理论是如何引出主观概率的.

第 7 章　融贯性：主观概率的证成

前面已经指出, 我们可以把概率视为个体主观的判断, 它表征个体的信念度, 因而信念度需满足概率公理. 这里自然地引发一个问题：我们如何对此作出辩护呢？或者, 如果信念度不满足概率公理, 那将带来什么 "不合理" 的结果呢？在主观概率理论那里, 由于表征个体信念度和理性 (即表征偏好) 联系在一起, 本章以这个关联性为线索探讨一些结论.

7.1　公　平　赌　比

在相关文献中有一种常见的主观概率解释, 其基本思想是通过用金钱作为赌注的打赌得到赌商的信念度概念. 具体来说, 假设某人就某个命题 p 的真假进行打赌, 他有两种选择：交出赌金 x 押在 p 为真这一方, 以期 y 的回报; 或者, 交出赌金 y 押在 p 为假这一方, 以期 x 的回报. 对于第一种选择, 如果 p 为真, 那么他将赢得赌金 y; 相反, 如果 p 为假, 那么他将输掉自己的赌金 x. 对于第二种选择, 如果 p 为真, 那么他将损失赌金 y; 相反, 如果 p 为假, 那么他将赢得 x.

因此, 打赌是决策情景 (表 7.1) 中的行为. 如果他把赌注押在 p 的真假哪一方都无所谓, 亦即他对于 "押 p 真" 和 "押 p 假" 的偏好是无殊的, 那么他认为这两个打赌是**公平的**.

表 7.1　诱导信念度的打赌

	p 为真	p 为假
押 p 为真	y	$-x$
押 p 为假	$-y$	x

假设他认为 "押 p 真" 和 "押 p 假" 是公平的, 其偏好被期望值表征, 且信念度 $d(p)$ 具有可加性, 那么

$$(yp(-x)) \sim (-ypx) \Leftrightarrow U(yp(-x)) = U((-y)px)$$
$$\Leftrightarrow yd(p) - x(1 - d(p)) = -yd(p) + x(1 - d(p))$$
$$\Leftrightarrow d(p) = \frac{x}{x + y}.$$

定义 7.1　　给定一个命题 p, 称比率

$$r(p) = \frac{押\ p\ 为真的赌注}{押\ p\ 真假的赌注之和}$$

为 p 的赌比.

特别地, 我们定义一类赌比: **公平赌比**.

定义 7.2　　给定命题 p, 若个体押 p 为真的赌注 x 和他押 p 为假的赌注 y 满足

$$(yp(-x)) \sim (-ypx),$$

则称

$$\bar{r}(p) = \frac{x}{x+y}$$

为 p 的公平赌比.

注记 7.1　　$\bar{r}(\neg p) = \dfrac{y}{x+y}$.

由此, 上述观点把公平赌比解释为信念度. 它和拉姆齐主观概率理论一样, 给出了一个测度个体信念的可操作性方法: 测度某人对于 p 的信念度, 只要看他愿意在 p 为真这方押上多少钱.

类似地, 我们也可以得到一个关于条件信念度的确定方法. 假设某人在给定某个命题 q 的情况下就 p 的真假进行打赌, 他有两种选择: 交出赌注 y 押在 $p \wedge q$ 这一方, 以期 z 的回报; 或者, 交出赌注 z 押在 $\neg p \wedge q$ 这一方, 以期 y 的回报; 如果 q 为假, 则此赌局取消, 收益为零. 于是我们可得决策情景如表 7.2 所示.

表 7.2　　诱导条件信念度的打赌

	$p \wedge q$	$\neg p \wedge q$	$\neg q$
押 $p \wedge q$	z	$-y$	0
押 $\neg p \wedge q$	$-z$	y	0

假设他认为 "在 q 条件下押 p 真" 和 "在 q 条件下押 p 假" 是公平的, 其偏好被期望值表征, 且条件信念度具有可加性, 那么

$$\begin{aligned}
(z(p \wedge q)(-y)) \sim (-z(p \wedge q)y) &\Leftrightarrow U(z(p \wedge q)(-y)) = U(-z(p \wedge q)y)\\
&\Leftrightarrow zd(p|q) - y(1 - d(p|q)) =\\
&\quad\ -zd(p|q) + y(1 - d(p|q))\\
&\Leftrightarrow d(p|q) = \frac{y}{y+z}.
\end{aligned}$$

定义 7.3　设 p 和 q 为两个命题, 若个体在 q 条件下押 p 为真的赌金 y 和他在 q 条件下押 p 为假的赌金 z 满足 $(z(p \wedge q)(-y)) \sim (-z(p \wedge q)y)$, 则称

$$\bar{r}(p|q) = \frac{y}{y+z}$$

为给定 q 条件下 p 的公平条件赌比.

注记 7.2　$\bar{r}(\neg p|q) = \dfrac{z}{y+z}$.

注记 7.3　公平赌比是拉姆齐信念度定义的一个特例; 公平条件赌比也是拉姆齐条件信念度定义的一个特例.

注记 7.4　公平赌比是德菲尼蒂主观概率的一个特例.

假设 $\bar{r}(p)$ 是命题 p 的公平赌比, 则

$$U(yp(-x)) = \left(\frac{x}{x+y}\right)y + \left(1 - \frac{x}{x+y}\right)(-x)$$
$$= 0.$$

因此, $U(yp(-x)) = U(-ypx) = 0$, 故有 $0p0 \sim (yp(-x))$, $0p0 \sim (-ypx)$. 根据拉姆齐信念度定义, 由这两个无殊的偏好我们都可以得到

$$d(p) = \frac{x}{x+y}.$$

这表明利用拉姆齐信念度概念可以推导出公平赌比: 设置一个特殊的行为

押 p 为真, 即 $(yp(-x))$; 或者, 押 p 为假, 即 $(-ypx)$,

使得个体认为它们的效用 $\alpha = 0$. 于是根据拉姆齐信念度定义, p 的信念度即为公平赌比. 因此, 公平赌比是拉姆齐信念度定义的一个特例. 我们可以类似地论证, 公平条件赌比也是拉姆齐条件信念度定义的一个特例.

在公平赌比中, 为了方便起见, 我们通常令 $x + y = 1$, 那么 $d(p) = x$. 这个式子可以解释为, 个体把赌金 $d(p)$ 押在命题 p 为真这一方, 以期 $(1 - d(p))$ 的回报; 或者把赌金 $(1 - d(p))$ 押在命题 p 为假这一方, 以期 $d(p)$ 的回报.

7.2　荷兰赌定理

接下来我们探讨主观概率的合理性问题. 在主观概率理论那里, 表征个体信念度和理性相关联, 我们希望从这个角度出发得到一些结论.

让我们回到表 7.1中. 假设某人愿意交出赌金 \$5 押在 p 为真这一方, 以期 \$3 的收益; 同时, 他也愿意交出赌金 \$6 押在 p 为假这一方, 以期 \$2 的收益, 于是,

甲的所得为表 7.3. 请注意, 他选择了一组打赌, 即同时愿意采取这两个行动. 此时, 不管 p 的真假如何他的总收益为负.

表 7.3　一组必输的打赌: 荷兰赌

	p 为真	p 为假
押 p 为真	\$3	$-\$5$
押 p 为假	$-\$6$	\$2
总收益	$-\$3$	$-\$3$

定义 7.4 (荷兰赌)　给定一组打赌 $B = (B_1, \cdots, B_n)$, 如果其中的任意 B_i 是一个可接受的打赌 (即 $B_i \in \mathcal{C}$), 且对于任意状态 $s \in \mathfrak{S}$, 有 $\sum\limits_{i=1}^{n} B_i(s) < 0$, 那么 B 称为荷兰赌.

粗略地说, 荷兰赌是一个在任何状态下必输的打赌组合, 且该组合中每个部分却都是当事人可接受的打赌. 例如, 表 7.3 中的打赌组合为一个荷兰赌. 在有些文献中, 荷兰赌也称为套利, 意思是打赌设计者在任何情况下总是可以盈利.

定义 7.5　如果由一组信念度不能构建荷兰赌, 那么这组信念度为融贯的.

定理 7.1 (荷兰赌定理)　一组信念度是融贯的当且仅当它满足概率公理.

证明　假设 p 是世界状态集 $\mathfrak{S}$ 上的一个概率函数. 给定一组命题 $q_1, q_2, \cdots, q_n$, 设 q_i 的信念度

$$d_i = p(q_i) = \sum_{s \in q_i} p(s),$$

于是我们可得到一组信念度 $d = (d_1, d_2, \cdots, d_n)$. 基于每个信念度, 我们可构建一个打赌, 由此可得一组打赌 $B = (B_1, B_2, \cdots, B_n)$. 假设任意 $B_i \succeq \mathbf{0}$, 由偏好表征可得, $\sum\limits_{s} p(s)B_i(s) \geqslant 0$, 故

$$\sum_i \sum_s p(s)B_i(s) \geqslant 0,$$

从而有 $B \succeq \mathbf{0}$. 若 B 是一个荷兰赌, 则对于任意状态 $s \in \mathfrak{S}$, 有 $\sum\limits_{i=1}^{n} B_i(s) < 0$. 因此,

$$\sum_i \sum_s p(s)B_i(s) < 0,$$

故 $B \prec \mathbf{0}$, 这与上面的结论矛盾. 因此, 若一组信念度满足概率公理, 则由此不能构建荷兰赌, 即它是融贯的. 充分性证毕.

下面证明必要性. 这里我们只证明: 若一组信念度不满足可加性和条件公式, 则由它可以构建荷兰赌. 其余的验证留给读者.

先验证若信念度不满足可加性公理则可构建一个荷兰赌. 假设当事人接受如下一组打赌 $B = (B_1, B_2, B_3)$, 其中

- B_1: 把赌金 $d(p)$ 押在命题 p 为真, 以期 $1 - d(p)$ 的回报;

- B_2: 把赌金 $d(q)$ 押在命题 q 为真, 以期 $1 - d(q)$ 的回报;
- B_3: 把赌金 $1 - d(p \vee q)$ 押在命题 $p \vee q$ 为假, 这里 p 和 q 不相容, 以期 $d(p \vee q)$ 的回报.

由于命题 p 和 q 是不相容的, 故只有三种可能的情况出现: p 为真且 q 为假, p 为假且 q 为真, p 为假且 q 也为假. 有关打赌的结果请看表 7.4, 可见, 在这三种情形下打赌组合的总收益均为 $d(p \vee q) - d(p) - d(q)$[①]. 因此, 如果 $d(p \vee q) < d(p) + d(q)$, 不管任何情况下当事人的打赌组合 (B_1, B_2, B_3) 的总收益为负.

表 7.4　为验证可加性所设置的打赌组合 B 的收益

	B_1 的收益	B_2 的收益	B_3 的收益	打赌组合的总收益
$p \wedge \neg q$	$1 - d(p)$	$-d(q)$	$-(1 - d(p \vee q))$	$d(p \vee q) - d(p) - d(q)$
$\neg p \wedge q$	$-d(p)$	$1 - d(q)$	$-(1 - d(p \vee q))$	$d(p \vee q) - d(p) - d(q)$
$\neg p \wedge \neg q$	$-d(p)$	$-d(q)$	$d(p \vee q)$	$d(p \vee q) - d(p) - d(q)$

若 $d(p \vee q) > d(p) + d(q)$, 则打赌设计者使当事人改变上述打赌位置, 即使他接受如下一组打赌,

- B_1': 把赌金 $1 - d(p)$ 押在命题 p 为假, 以期 $d(p)$ 的回报.
- B_2': 把赌金 $1 - d(q)$ 押在命题 q 为假, 以期 $d(q)$ 的回报.
- B_3': 把赌金 $d(p \vee q)$ 押在命题 $p \vee q$ 为真, 这里 p 和 q 不相容, 以期 $1 - d(p \vee q)$ 的回报.

类似上述论证, 可得: 不管任何情况下, 打赌组合 (B_1', B_2', B_3') 的总收益为 $d(p) + d(q) - d(p \vee q) < 0$. 于是, 当 $d(p \vee q) \neq d(p) + d(q)$ 时, 可构造一个荷兰赌.

以下我们验证: 若信念度不满足条件 (乘法) 公式, 则可构建一个荷兰赌. 假设当事人同时接受如下一组打赌,

- B_1: 把赌金 zw 押在 $p \wedge q$ 为真, 以期 $(1 - z)w$ 的回报.
- B_2: 把赌金 $(1 - w)z$ 押在命题 q 为假, 以期 wz 的回报.
- B_3: 把赌金 $(1 - y)w$ 押在给定命题 q 条件下 p 为假, 以期 yw 的回报.

其中, $z = d(p \wedge q)$、$w = d(q)$ 和 $y = d(p|q)$. 有关赌局的结局请看表 7.5. 显然, 不管任何情况下[②], 打赌组合 (B_1, B_2, B_3) 的总收益为 $wy - z$. 如果 $y < z/w$, 那么当事人总是输.

表 7.5　为验证条件公式所设置的打赌组合 B 的收益

	B_1 的收益	B_2 的收益	B_3 的收益	打赌组合的总收益
$p \wedge q$	$(1 - z)w$	$-(1 - w)z$	$-(1 - y)w$	$wy - z$
$\neg p \wedge q$	$-zw$	$-(1 - w)z$	wy	$wy - z$
$\neg q$	$-zw$	zw	0	0

[①] 即对于任意世界状态 s, 打赌组合的总收益均为 $d(p \vee q) - d(p) - d(q)$.

[②] 请注意, 当 q 为假时条件概率是没有定义的, 确定打赌组合 B 的收益可以不考虑 q 为假的情形.

如果 $y > z/w$, 那么打赌设计者使当事人改变上述打赌位置, 即使他接受如下一组打赌,

- B_1': 把赌金 $(1-z)w$ 押在 $p \wedge q$ 为假, 以期 zw 的回报.
- B_2': 把赌金 wz 押在命题 q 为真, 以期 $(1-w)z$ 的回报.
- B_3': 把赌金 yw 押在给定命题 q 条件下 p 为真, 以期 $(1-y)w$ 的回报.

类似可得: 不管任何情况下, 打赌组合 (B_1', B_2', B_3') 的总收益为 $z - wy$, 此时他同样总是输. 于是, 当

$$d(p \mid q) \neq \frac{d(p \wedge q)}{d(q)}$$

时, 将有荷兰赌出现.   □

这里应强调, 荷兰赌定理的证明方法不唯一. 下面, 我们用另外一种方法证明它的必要性.

证明 这里只证明: 若一组信念度不满足可加性, 则由它可以构建荷兰赌. 其余的验证留给读者.

令 $\bar{r}(p), \bar{r}(q), \bar{r}(p \vee q)$ 分别为 $p, q, p \vee q$ 的公平赌比. 构建一组打赌 (B_1, B_2, B_3), 其中

- B_1: 将赌注 $\bar{r}(p)s_p$ 押 p 为真, 以期 $(1 - \bar{r}(p))s_p$ 的回报, 这里 s_p 为此打赌的赌注和.
- B_2: 将赌注 $\bar{r}(q)s_q$ 押 q 为真, 以期 $(1 - \bar{r}(q))s_q$ 的回报, 这里 s_q 为此打赌的赌注和.
- B_3: 将赌注 $\bar{r}(p \vee q)s_{p \vee q}$ 押 $p \vee q$ 为真, 以期 $(1 - \bar{r}(p \vee q))s_{p \vee q}$ 的回报, 这里 $s_{p \vee q}$ 为此打赌的赌注和.

由于命题 p 和 q 是不相容的, 故只有三种可能的情况出现: $p \wedge \neg q, \neg p \wedge q, \neg p \wedge \neg q$. 令 $g(p \wedge \neg q), g(\neg p \wedge q), g(\neg p \wedge \neg q)$ 分别为这三种情形下打赌组合 (B_1, B_2, B_3) 的收益. 故有

$$(1 - \bar{r}(p))s_p - \bar{r}(q)s_q + (1 - \bar{r}(p \vee q))s_{p \vee q} = g(p \wedge \neg q),$$
$$-\bar{r}(p)s_p + (1 - \bar{r}(q))s_q + (1 - \bar{r}(p \vee q))s_{p \vee q} = g(\neg p \wedge q),$$
$$-\bar{r}(p)s_p - \bar{r}(q)s_q - \bar{r}(p \vee q)s_{p \vee q} = g(\neg p \wedge \neg q).$$

在上述方程组中, 我们把 $s_p, s_q, s_{p \vee q}$ 视为变元. 若这组打赌是一个荷兰赌, 则三个打赌组合的收益 (等式的右边) 小于 0. 显然, 当此方程组无解时, 我们无法构建一个荷兰赌. 要使得此方程组无解, 它的系数行列式应等于 0. 即

$$\begin{vmatrix} 1 - \bar{r}(p) & -\bar{r}(q) & 1 - \bar{r}(p \vee q) \\ -\bar{r}(p) & 1 - \bar{r}(q) & 1 - \bar{r}(p \vee q) \\ -\bar{r}(p) & -\bar{r}(q) & -\bar{r}(p \vee q) \end{vmatrix} = 0,$$

从而得: $\bar{r}(p) + \bar{r}(q) = \bar{r}(p \vee q)$. 因此, 若公平赌比不能构建荷兰赌, 则它满足可加性. 验证满足条件公式与之类似. □

上述定理为主观概率理论进行了辩护, 以概率公理和公式来约束信念度即可保证信念度是融贯的, 从而说明以概率表征信念是恰当的. 因此, 拉姆齐在《真理和概率》的开篇指出: "我把概率看成逻辑的一个分支". 他在后文接着论述:

在我看来, 我们可以把论证划分为不同的两种类型: (1) "阐述的、分析的或演绎的", (2) "扩大的、综合的或 (粗略地说) 归纳的." ······ 因而, 逻辑必须明确地分为两个部分: 较小的逻辑, 即一致性逻辑或形式逻辑; 较大的逻辑, 即发现的逻辑或归纳逻辑 ······ 我们已经看到如同存在一个关于确定信念的一致性理论, 这里也存在一个关于非饱和信念的一致性理论 ······ 概率论实际上是对形式理论的扩展.

7.3　文 献 注 释

本章对于荷兰赌的定义参考了文献 [55], 对于信念度融贯性定义参考了文献 [27], 对于荷兰赌定理必要性的证明参考了文献 [27] 和 [43]. 德菲尼蒂[16] 提出了预知概念, 基于此给出了融贯性充要条件, 文献 [56] 和 [57] 推广了德菲尼蒂主观概率理论, 探讨了非精确主观概率的融贯性条件. 另外, 有研究者提出了动态荷兰赌概念, 进一步丰富了融贯性概念的内涵, 有兴趣的读者可参考文献 [9], [46] 和 [49].

习　　题

1. 若信念度不满足概率公理中的非负性, 请构造一个荷兰赌.
2. 若信念度不满足概率公理中的规范性, 请构造一个荷兰赌.
3. 请用本章荷兰赌定理必要性的第二种证明方法证明: 若公平条件赌比不能构建荷兰赌, 则它满足概率条件公式.

第 8 章　安斯康姆–奥曼主观期望效用理论

冯·诺伊曼和摩根斯坦为风险情形下经典的理性选择理论建立了公理基础. 大约二十年后, **安斯康姆** (F. Anscombe, 1918~2001 年) 和**奥曼** (R. Aumann, 1930 年 ~) 扩展了冯·诺伊曼和摩根斯坦的乐透概念, 进一步将他们的理论推广到不确定条件之下: 如拉姆齐主观概率理论一样, 安斯康姆–奥曼期望效用理论不仅测度了结果的效用, 而且还表征了理性个体的信念.

8.1　基本概念: 跑马乐透

冯·诺伊曼和摩根斯坦的乐透概念可以利用一个定义在结果集上的概率分布来表达, 这些概率是客观的, 亦即相对于一个群体来说, 这些概率是共同知晓的. 冯·诺伊曼–摩根斯坦期望效用理论无法刻画不确定情形之下的理性选择. 为了解决这个问题, 安斯康姆和奥曼在扩展乐透概念的基础上, 提出跑马乐透概念, 推广了冯·诺伊曼–摩根斯坦期望效用理论.

定义 8.1　安斯康姆–奥曼决策情景 (表 8.1) 为一个三元组 $(\mathfrak{H}, \mathfrak{S}, \mathfrak{L})$, 其中

- $\mathfrak{H} = \{H_1, \cdots, H_m\}$ 为跑马乐透集, 其中 H_i 为跑马乐透;
- $\mathfrak{S} = \{s_1, \ldots, s_n\}$ 为世界状态集;
- $\mathfrak{L} = \{L_{11}, \cdots, L_{mn}\}$ 为 (冯·诺伊曼–摩根斯坦) 乐透集 (L_{ij} 为定义在 $\mathfrak{R}$ 上的概率分布列).

注记 8.1　安斯康姆–奥曼主观期望效用理论假设世界状态集是有穷的.

表 8.1　安斯康姆–奥曼决策情景

	s_1	$\cdots$	s_j	$\cdots$	s_n
H_1	L_{11}	$\cdots$	L_{1j}	$\cdots$	L_{1n}
$\cdots$	$\cdots$	$\cdots$	$\cdots$	$\cdots$	$\cdots$
H_i	L_{i1}	$\cdots$	L_{ij}	$\cdots$	L_{in}
$\cdots$	$\cdots$	$\cdots$	$\cdots$	$\cdots$	$\cdots$
H_m	L_{m1}	$\cdots$	L_{mj}	$\cdots$	L_{mn}

从表 8.1 中可知: 一个跑马乐透 H 可以表达为一组冯·诺伊曼–摩根斯坦乐透

$$(L_1, \cdots, L_n),$$

其中 L_j 为该跑马乐透在世界状态 s_j 下所得的结果, 见图 8.1. 我们也可以将跑马乐透看作一个映射.

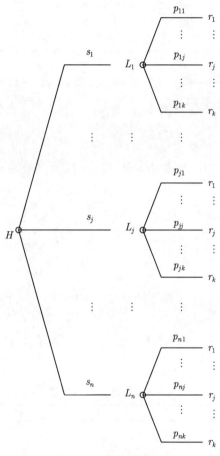

图 8.1　跑马乐透 H

定义 8.2 (跑马乐透)　跑马乐透为一个映射 $H : \mathfrak{S} \to \mathfrak{L}$.

注记 8.2　乐透可视为一个退化的跑马乐透: 这个跑马乐透在任意状态下得到相同的乐透 (表 8.2).

表 8.2　退化的跑马乐透

	s_1	$\cdots$	s_j	$\cdots$	s_n
H	L	$\cdots$	L	$\cdots$	L

和混合乐透类似, 我们可以定义混合跑马乐透. 给定两个跑马乐透 H_1 和 H_2, 决策者以某种概率随机地从中选择: 以概率 x 选择 H_1, 概率 $1 - x$ 选择 H_2

(表 8.3). 我们定义两个跑马乐透的线性组合为一个混合跑马乐透, 并且验证这样的组合确实为一个跑马乐透.

表 8.3　跑马乐透的随机选择

	x	$1-x$
H	H_1	H_2

定义 8.3 (混合跑马乐透)　设 $(\mathfrak{H}, \mathfrak{S}, \mathfrak{L})$ 为安斯康姆–奥曼决策情景, $H_i, H_j \in \mathfrak{H}$, $x \in [0,1]$, 由它们生成的混合跑马乐透 H 定义为如下的线性组合

$$H = xH_i + (1-x)H_j.$$

注记 8.3　假设 H 是由 H_i 和 H_j 生成的混合跑马乐透, 那么对于任意 $s \in \mathfrak{S}$,

$$H(s) = xH_i(s) + (1-x)H_j(s).$$

由于 $H_i(s) \in \mathfrak{L}$, $H_j(s) \in \mathfrak{L}$, 故 $H(s) = xH_i(s) + (1-x)H_j(s) \in \mathfrak{L}$, 因此 $H \in \mathfrak{H}$.

注记 8.4　$\mathfrak{H}$ 是一个凸集.

记 $H(s,r)$ 为乐透 $H(s)$ 指派给结果 r 的概率, 那么对于任意状态 s 和任意结果 r, 有

$$H(s,r) = xH_i(s,r) + (1-x)H_j(s,r).$$

我们可以利用表 8.4表示混合跑马乐透.

表 8.4　混合跑马乐透

	s_1	$\cdots$	s_j	$\cdots$	s_n
H_i	L_{i1}	$\cdots$	L_{ij}	$\cdots$	L_{in}
H_j	L_{j1}	$\cdots$	L_{jj}	$\cdots$	L_{jn}
H	$L_1 = xL_{i1} + (1-x)L_{j1}$	$\cdots$	$L_j = xL_{ij} + (1-x)L_{jj}$	$\cdots$	$L_n = xL_{in} + (1-x)L_{jn}$

例 8.1　给定两个跑马乐透 H_1, H_2, $H_i(s_j) = L_{ij}$, $i,j = 1,2$,

$$L_{11} = (0.5, 0.3, 0.2, 0, 0), \quad L_{12} = (0, 0, 1, 0, 0),$$
$$L_{21} = (0, 0, 0.5, 0.5, 0), \quad L_{22} = (0, 0, 0.6, 0, 0.4),$$
$$\mathfrak{R} = \{10, 15, 20, 25, 30\}.$$

确定它们的混合跑马乐透 $H = 0.6H_1 + 0.4H_2$.

解　设 $H(s_1) = L_1$, $H(s_2) = L_2$. 由混合跑马乐透定义:

$$L_1 = 0.6L_{11} + 0.4L_{21}$$

$$= \left(0.6 \begin{pmatrix} 0.5 \\ 0.3 \\ 0.2 \\ 0 \\ 0 \end{pmatrix} + 0.4 \begin{pmatrix} 0 \\ 0 \\ 0.5 \\ 0.5 \\ 0 \end{pmatrix} \right)$$

$$= (0.3, 0.18, 0.32, 0.2, 0),$$

$$L_2 = 0.6L_{12} + 0.4L_{22}$$

$$= \left(0.6 \begin{pmatrix} 0 \\ 0 \\ 1 \\ 0 \\ 0 \end{pmatrix} + 0.4 \begin{pmatrix} 0 \\ 0 \\ 0.6 \\ 0 \\ 0.4 \end{pmatrix} \right)$$

$$= (0, 0, 0.84, 0, 0.16). \qquad \qquad \square$$

8.2　依赖于状态的效用

在安斯康姆–奥曼主观期望效用理论中, 偏好 $\succ$ 是定义在跑马乐透集 $\mathfrak{H}$ 上的二元关系. 与冯·诺伊曼–摩根斯坦期望效用理论类似, 我们给出以下公理.

AA 公理 1 (**偏好**)　"$\succ$" 为定义在跑马乐透集 $\mathfrak{H}$ 上的偏好.

AA 公理 2 (**独立性**)　任意 $H_1, H_2, H_3 \in \mathfrak{H}$, $x \in (0, 1]$,

$$H_1 \succ H_2 \Rightarrow xH_1 + (1-x)H_3 \succ xH_2 + (1-x)H_3.$$

AA 公理 3 (**阿基米德公理**)　任意 $H_1, H_2, H_3 \in \mathfrak{H}$, $H_1 \succ H_2 \succ H_3$, 存在 $x, y \in (0, 1)$, 使得

$$xH_1 + (1-x)H_3 \succ H_2 \succ yH_1 + (1-y)H_3.$$

我们可以看到, 除了把乐透概念换成跑马乐透概念之外, 这些公理和冯·诺伊曼–摩根斯坦期望效用理论中的公理基本相似. 特别地, 乐透 L 可以看作一个退化的跑马乐透 H, 即对于任意状态 s_i, 有 $H(s_i) = L$. 因此, **AA 公理 2** 蕴涵 **NM 公理 2**, **AA 公理 3** 蕴涵 **NM 公理 3**.

与冯·诺伊曼–摩根斯坦表征定理类似, 我们可以得到以下定理.

定理 8.1 (**依态效用的表征定理**)　跑马乐透集上的偏好 $\succ$ 满足 **AA 公理 1~3** 当且仅当对于任意状态 $s \in \mathfrak{S}$, 存在函数 $u_s, u_s : \mathfrak{R} \to R$ 使得对于任意

$H, H' \in \mathfrak{H}$,

$$H \succ H' \Leftrightarrow \sum_s \sum_r H(s,r)u_s(r) > \sum_s \sum_r H'(s,r)u_s(r). \tag{8.1}$$

并且对于任意状态 s, 若 $u'_s \neq u_s$, 则有 $u'_s(\cdot) = a_s u_s(\cdot) + b_s$, 这里 $a_s > 0$, b_s 为任意实数.

这个定理的证明类似于冯·诺伊曼–摩根斯坦表征定理的证明, 在此省略. 我们应注意到以下几点:

- 这个表征定理的效用函数不同于冯·诺伊曼–摩根斯坦效用, 它们实际上是这样的映射 $u : \mathfrak{S} \times \mathfrak{R} \to R$. 显然它们依赖于世界状态, 在每个状态下都有相应的效用函数 (经正线性变换后具有唯一性), 因此我们称之为依赖于状态的效用, 简称为**依态效用**.

- 每个状态下的依态效用之间满足线性关系, 然而任意两个状态下的依态效用之间可能不具有线性关系. 这意味着两个冯·诺伊曼–摩根斯坦乐透之间的偏好关系在不同状态下可能是不同的.

- 跑马乐透的价值评估, 即跑马乐透的偏好表征由两部分构成: 首先确定给定跑马乐透 H 在每个状态下得到的结果 $H(s)$, 计算乐透 $H(s)$ 的期望效用

$$\sum_r H(s,r)u_s(r);$$

然后对所有的 $H(s)$ 的期望效用进行求和

$$\sum_s \sum_r H(s,r)u_s(r)$$

作为 H 的总期望效用, 以此表征跑马乐透的偏好.

- 状态集 $\mathfrak{S}$ 上的概率可以通过依态效用来定义, 它能够满足偏好表征式 (8.1). 对于任意 $s \in \mathfrak{S}$ 和任意 $r \in \mathfrak{R}$, 令 $a_s = \dfrac{1}{p^*(s)}$, $b_s = 0$, 这里 $\sum_s p^*(s) = 1$, 因此 p^* 为状态集 $\mathfrak{S}$ 上的概率, 于是定义

$$u_s^*(r) = \frac{u_s(r)}{p^*(s)} \tag{8.2}$$

为 s 的依态效用, 此时有

$$H \succ H' \Leftrightarrow \sum_s \sum_r H(s,r)u_s(r) > \sum_s \sum_r H'(s,r)u_s(r),$$

$$\Leftrightarrow \sum_s p^*(s) \sum_r H(s,r)u_s^*(r) > \sum_s p^*(s) \sum_r H'(s,r)u_s^*(r).$$

特别地, 对于任意 $s \in \mathfrak{S}$ 和任意 $r \in \mathfrak{R}$, 我们可以令

$$u_s^+(r) = nu_s(r)$$

为 s 的依态效用, 令

$$p^+(s) = 1/n$$

为 s 的概率, 此时状态集中的元素具有等可能性. 容易验证它们能够表征跑马乐透集上的偏好关系, 即

$$
\begin{aligned}
H \succ H' &\Leftrightarrow \sum_s \sum_r H(s,r)u_s(r) > \sum_s \sum_r H'(s,r)u_s(r) \\
&\Leftrightarrow \sum_s p^+(s) \sum_r H(s,r)u_s^+(r) > \sum_s p^+(s) \sum_r H'(s,r)u_s^+(r).
\end{aligned}
$$

因此, p^+ 和 u^+ 亦可以表征偏好关系.

- 依态效用是由决策者赋值, 因此依态效用是主观的或私人的. 进一步, 状态集 $\mathfrak{S}$ 上的概率是通过依态效用来定义的 [见式 (8.2)], 因而这里的概率是主观概率. 由前所述, 在依态效用下满足偏好表征式 (8.1) 的状态集 $\mathfrak{S}$ 上的主观概率是**不唯一**的.

8.3　独立于状态的效用

为了表达具有唯一性的主观概率, 我们需要非依态效用, 即独立于状态的效用. 安斯康姆–奥曼主观期望效用理论的做法是在前面三个公理的基础上增加两个公理. 在陈述这些公理之前, 我们先引入以下定义.

定义 8.4　任意 $H, H' \in \mathfrak{H}$, $H \neq H'$, 任意 $s' \in \mathfrak{S}$, $s' \neq s$, $s \in \mathfrak{S}$, 当 $H(s') = H'(s')$ 时有 $H \sim H'$, 则称世界状态 s 为一个零状态.

注记 8.5　零状态可视为概率为零的状态.

在表 8.5 中, 我们注意到: 跑马乐透 H 和 H' 在除 s_j 之外任意状态下的结果是相同的, 要使 $H \sim H'$ 成立, 决策者必须认为 s_j 是不可能的.

表 8.5　零状态 s_j

	s_1	$\cdots$	s_j	$\cdots$	s_n
H	L_1	$\cdots$	L_j	$\cdots$	L_n
H'	L_1	$\cdots$	L_j'	$\cdots$	L_n

AA 公理 4 (非平凡性)　跑马乐透集 $\mathfrak{H}$ 中存在 H, H', 使得 $H \succ H'$.

这个公理是避免出现任意一对跑马乐透都是无殊或相同的. 另外, 容易验证以下推论: 若非平凡性公理成立, 则世界状态集 $\mathfrak{S}$ 中存在非零状态.

AA 公理 5 (非依态性)   任意 $H \in \mathfrak{H}$, $L, L' \in \mathfrak{L}$, 任意非零状态 s_i, s_j,

$$(H(s_1), \cdots, H(s_{i-1}), L, H(s_{i+1}), \cdots, H(s_n)) \succ$$
$$(H(s_1), \cdots, H(s_{i-1}), L', H(s_{i+1}), \cdots, H(s_n)),$$

当且仅当

$$(H(s_1), \cdots, H(s_{j-1}), L, H(s_{j+1}), \cdots, H(s_n)) \succ$$
$$(H(s_1), \cdots, H(s_{j-1}), L', H(s_{j+1}), \cdots, H(s_n)).$$

AA 公理 5 表明: 乐透 L 和 L' 之间的偏好关系独立于非零状态. 后面的定理将说明该公理保证了效用函数是与状态无关的, 这样的效用称为 "独立于世界状态的效用", 简称为 **独态效用**.

例 8.2   假设有如下安斯康姆–奥曼决策情景 (表 8.6), 其中 $s_1=\{1$ 美元值 100 日元$\}$, $s_2=\{1$ 美元值 125 日元$\}$, $s_3=\{1$ 美元值 150 日元$\}$. 我们将 $H_i(i = 1, 2, 3)$ 结果的奖金由美元换为等值日元分别得到 $H_j(j = 4, 5, 6)$. 考虑三个问题: (1) 这个情景的偏好满足非依态性公理吗? (2) 假设 $H_1 \sim H_2 \sim H_3$, $u_{s_i}(cr) = cu(r)$, 确定 $\mathfrak{S}$ 上的概率; (3) 假设 $H_4 \sim H_5 \sim H_6$, $u_{s_i}(cr) = cu(r)$, 确定 $\mathfrak{S}$ 上的概率.

表 8.6   一个依态效用的例子

	s_1	s_2	s_3
H_1	\$1	0	0
H_2	0	\$1	0
H_3	0	0	\$1
H_4	¥100	0	0
H_5	0	¥125	0
H_6	0	0	¥150

解   由已知, $\mathfrak{R} = \{0, \$1, ¥100, ¥125, ¥150\}$, 且

$$H_1 = (L_{11} = (0, 1, 0, 0, 0), L_{12} = (1, 0, 0, 0, 0), L_{13} = (1, 0, 0, 0, 0)),$$
$$H_2 = (L_{21} = (1, 0, 0, 0, 0), L_{22} = (0, 1, 0, 0, 0), L_{23} = (1, 0, 0, 0, 0)),$$
$$H_3 = (L_{31} = (1, 0, 0, 0, 0), L_{32} = (1, 0, 0, 0, 0), L_{33} = (0, 1, 0, 0, 0)),$$
$$H_4 = (L_{41} = (0, 0, 1, 0, 0), L_{42} = (1, 0, 0, 0, 0), L_{43} = (1, 0, 0, 0, 0)),$$
$$H_5 = (L_{51} = (1, 0, 0, 0, 0), L_{52} = (0, 0, 0, 1, 0), L_{53} = (1, 0, 0, 0, 0)),$$
$$H_6 = (L_{61} = (1, 0, 0, 0, 0), L_{62} = (1, 0, 0, 0, 0), L_{63} = (0, 0, 0, 0, 1)).$$

由 s_1={1 美元值 100 日元}, 可知 $L_{11} \sim L_{41}$, 从而 $H_1 \sim H_4$, 即

$$((\mathbf{0,1,0,0,0}), (1,0,0,0,0), (1,0,0,0,0)) \sim$$

$$((\mathbf{0,0,1,0,0}), (1,0,0,0,0), (1,0,0,0,0))$$

假设 s_2 是非零状态, 由 AA 公理 5 可得

$$((1,0,0,0,0), (\mathbf{0,1,0,0,0}), (1,0,0,0,0)) \sim$$

$$((1,0,0,0,0), (\mathbf{0,0,1,0,0}), (1,0,0,0,0))$$

即 $H_2 \sim H_7$ (表 8.7).

表 8.7 $H_2 \sim H_7$

	s_1	s_2	s_3
H_2	0	\$1	0
H_7	0	¥100	0

然而, 由 s_2={1 美元值 125 日元}, 我们有 $H_2 \sim H_5$, $H_5 \succ H_7$! 因此, 这个情景的偏好不满足非依态性公理.

由假设 $u_{s_i}(cr) = cu(r)$, 有

$$u_{s_1}(\$1) = u_{s_2}(\$1) = u_{s_3}(\$1) = u(\$1)$$

$$u_{s_1}(\$100) = 100u(¥1),\ u_{s_2}(\$125) = 125u(¥1),\ u_{s_3}(\$150) = 150u(¥1).$$

若 $H_1 \sim H_2 \sim H_3$, 则由表征定理得

$$p^+(s_1)u(\$1) = p^+(s_2)u(\$1) = p^+(s_3)u(\$1),$$

这里 p^+ 为 $\mathfrak{S}$ 上的概率函数, $\sum_i p^+(s_i) = 1$, 故有

$$p^+(s_1) = p^+(s_2) = p^+(s_3) = \frac{1}{3}.$$

另外, 若 $H_4 \sim H_5 \sim H_6$, 同理有

$$p^*(s_1)u(¥100) = p^*(s_2)u(¥125) = p^*(s_3)u(¥150),$$

即

$$100p^*(s_1)u(¥1) = 125p^*(s_2)u(¥1) = 150p^*(s_3)u(¥1).$$

这里 p^* 为 $\mathfrak{S}$ 上的概率函数, $\sum_i p^*(s_i) = 1$, 从而有

$$p^*(s_1) = 0.4054,\ p^*(s_2) = 0.3243,\ p^*(s_3) = 0.2703.$$

显然这两个概率函数是不同的.   □

定理 8.2 (独态效用的表征定理) 跑马乐透集上的偏好 $\succ$ 满足 **AA** 公理 1~5 当且仅当存在函数 $u, u:\mathfrak{R} \to R$, 并且存在 $\mathfrak{S}$ 上唯一的概率函数 p, 使得对于任意 $H, H' \in \mathfrak{H}$,

$$H \succ H' \Leftrightarrow \sum_s p(s) \sum_r H(s,r)u(r) > \sum_s p(s) \sum_r H'(s,r)u(r)$$

并且对于任意 $u' \neq u$, 有 $u'(\cdot) = au(\cdot) + b$, 这里 $a > 0, b$ 为任意实数.

证明 我们只证明由 AA 公理 1~5 可以得到偏好表征式, 另一方向的证明留给同学课后练习. 在 $\mathfrak{S}$ 中存在非零状态, 令 $L, L' \in \mathfrak{L}$, s_i 为任一非零状态, 根据定理 8.1, 有

$$\sum_r u_{s_i}(r)L(r) > \sum_r u_{s_i}(r)L'(r),$$

当且仅当

$$(H(s_1), \cdots, H(s_{i-1}), L, H(s_{i+1}), \cdots, H(s_n)) \succ$$
$$(H(s_1), \cdots, H(s_{i-1}), L', H(s_{i+1}), \cdots, H(s_n)),$$

当且仅当对于非零状态 s_j,

$$(H(s_1), \cdots, H(s_{j-1}), L, H(s_{j+1}), \cdots, H(s_n)) \succ$$
$$(H(s_1), \cdots, H(s_{j-1}), L', H(s_{j+1}), \cdots, H(s_n)).$$

当且仅当

$$\sum_r u_{s_j}(r)L(r) > \sum_r u_{s_j}(r)L'(r).$$

根据冯·诺伊曼–摩根斯坦表征定理, 这些效用函数经线性变换后是唯一的, 即 $u_{s_j} = a_{s_i}u_{s_i} + b_{s_i}$. 进一步由定理 8.1, 令 $u(r) = u_{s_i}(r)$, 我们有

$$H \succ H' \Leftrightarrow \sum_i \sum_r H(s_i,r)(a_{s_i}u(r) + b_{s_i}) > \sum_i \sum_r H'(s_i,r)(a_{s_i}u(r) + b_{s_i})$$

$$\Leftrightarrow \sum_i \sum_r H(s_i,r)b_{s_i} + \sum_i a_{s_i}\left(\sum_r H(s_i,r)u(r)\right) >$$
$$\sum_i \sum_r H'(s_i,r)b_{s_i} + \sum_i a_{s_i}\left(\sum_r H'(s_i,r)u(r)\right)$$

$$\Leftrightarrow \sum_i a_{s_i}\left(\sum_r H(s_i,r)u(r)\right) > \sum_i a_{s_i}\left(\sum_r H'(s_i,r)u(r)\right).$$

在上面不等式两边同除以 $\sum\limits_i a_{s_i}$, 令 $p(s_i) = \dfrac{a_{s_i}}{\sum\limits_i a_{s_i}}$ (显然 p 是 $\mathfrak{S}$ 上的概率且是唯一的), 可得

$$H \succ H' \Leftrightarrow \sum_s p(s) \sum_r H(s,r)u(r) > \sum_s p(s) \sum_r H'(s,r)u(r). \qquad \square$$

在这个表征定理中我们应注意:

- 我们在这个定理的证明过程中可以看到: 对于任意非零状态有

$$\sum_r u_{s_i}(r)L(r) > \sum_r u_{s_i}(r)L'(r) \Leftrightarrow \sum_r u_{s_j}(r)L(r) > \sum_r u_{s_j}(r)L'(r).$$

这表明 AA 公理 5 保证了两个乐透之间的偏好序列并不依赖于状态, 即乐透之间的偏好关系在不同的非零状态下是相同的. 因此, 这里的效用函数实际上是冯·诺伊曼–摩根斯坦效用, 是独态效用.

- 状态集 $\mathfrak{S}$ 上的主观概率可以通过独态效用来定义, 并且它是唯一的. 我们可以把某个非零状态下的效用作为标准尺度, 其他非零状态的效用均以此效用来表示; 直观上说, 就是以同一效用尺度表示所有非零状态下的效用. 在技术上, 这需要利用一个正线性变换来实现: 若以非零状态 s 下效用为尺度, 则对于任意非零状态 s' 下效用函数 $u_{s'} = a_s u_s + b_s$, 这里 $a_s > 0, b_s$ 为任意实数. 于是, 我们定义

$$p(s) = \frac{a_s}{\sum\limits_s a_s}$$

为 $\mathfrak{S}$ 上的主观概率.

- 跑马乐透的价值评估, 即跑马乐透的偏好表征由两部分构成: 首先确定给定跑马乐透 H 在每个状态下得到的结果 $H(s)$, 计算乐透 $H(s)$ 的期望效用

$$E(H(s)) = \sum_r H(s,r)u(r);$$

然后对所有的 $H(s)$ 的期望效用进行求和

$$E(H) = \sum_s p(s)E(H(s))$$

作为 H 的期望效用, 以此表征跑马乐透的偏好.

下面, 我们给出一个例子说明在安斯康姆–奥曼那里是如何得到状态集合上的概率. 给定决策情景 (表 8.8), 其中 L_i 和 L'_i 是定义在 $\mathfrak{R}$ 上的概率分布列, $\mathfrak{S} = \{s_1, s_2, s_3\}$ 中的状态都是非零状态.

表 8.8   决策情景

	s_1	s_2	s_3
H	L_1	L_2	L_3
H'	L_1'	L_2'	L_3'

令 u_{s_i} 为状态 s_i 的效用函数. 假设这些效用函数是独态效用, 均以 u_{s_1} 表示如下:

$$u_{s_2}(r) = 2u_{s_1}(r),$$
$$u_{s_3}(r) = 3u_{s_1}(r).$$

其中 $r \in \mathfrak{R}$, 那么 $a_{s_1} = 1$, $a_{s_2} = 2$, $a_{s_3} = 3$, 故决策者的主观概率为

$$p(s_1) = \frac{1}{6}, \quad p(s_2) = \frac{1}{3}, \quad p(s_3) = \frac{1}{2}.$$

进一步假设 $\mathfrak{R} = \{2, 4, 6\}$, 任意 $r \in \mathfrak{R}$, $u(r) = u_{s_1}(r) = r$, 且

$$L_1 = (0.5, 0.5, 0), \qquad L_1' = (0.7, 0, 0.3),$$
$$L_2 = (0.3, 0.3, 0.4), \qquad L_2' = (0.8, 0.2, 0),$$
$$L_3 = (0, 1, 0), \qquad L_3' = (0, 1, 0).$$

那么我们可以确定 H 和 H' 之间的偏好关系. 首先确定它们在每个状态下的乐透的期望效用:

$$\begin{aligned}
E(H(s_1)) &= E(L_1) \\
&= \sum_r L_1(r)u(r) \\
&= 0.5 \times 2 + 0.5 \times 4 \\
&= 3.
\end{aligned}$$

同理, 我们有

$$E(H(s_2)) = E(L_2) = 4.2, \ E(H(s_3)) = E(L_3) = 4;$$
$$E(H'(s_1)) = E(L_1') = 3.2, \ E(H'(s_2)) = E(L_2') = 2.4,$$
$$E(H'(s_3)) = E(L_3') = 4.$$

然后确定 H 和 H' 的期望效用:

$$E(H) = \sum_s p(s)E(H(s))$$

$$= \frac{1}{6} \times 3 + \frac{1}{3} \times 4.2 + \frac{1}{2} \times 4$$
$$= 3.9.$$

类似可得: $E(H') = \dfrac{10}{3}$. 故有 $H \succ H'$.

8.4　厄尔斯伯格悖论

针对主观期望效用理论, **厄尔斯伯格** (D. Ellsberg) 提出了另一个悖论. 与阿莱斯悖论相似, 这个悖论揭示了主观期望效用理论在解释实际选择方面将会遇到一些困难. 假设一个罐中盛有 300 个球, 其中 100 个球是红色的, 其余 200 个球是黑色的或者是黄色的. 现在从罐中随机抽取一个球, 厄尔斯伯格设计如下决策情景 (表 8.9 和表 8.10). 其中, H_1 表示的意思为: 如果世界状态为"取出的是红球", 那么当事人将得到一百美元, 否则他什么也得不到, 其余类推.

表 8.9　情景一

	s_1: 取出红球	s_2: 取出黑球	s_3: 取出黄球
H_1	\$100	0	0
H_2	0	\$100	0

表 8.10　情景二

	s_1: 取出红球	s_2: 取出黑球	s_3: 取出黄球
H_3	\$100	0	\$100
H_4	0	\$100	\$100

现在就上述两个决策情景分别进行选择, 厄尔斯伯格邀请哈佛大学的学生参与实验. 实验结果是: 对于第一个情景大多数人偏好行为 H_1, 而对于第二个情景大多数人则偏好 H_4, 即 $H_1 \succ H_2$, $H_4 \succ H_3$.

我们先验证主观期望效用理论能否解释上述典型性偏好关系. 由表征定理得: $H_1 \succ H_2 \Leftrightarrow U(H_1) > U(H_2)$, $H_4 \succ H_3 \Leftrightarrow U(H_4) > U(H_3)$, 这里 U 为跑马乐透的期望效用. 令 p 为 $\mathfrak{S}$ 上的概率分布, u 为效用函数, 于是

$$p(s_1)u(\$100) > p(s_2)u(\$100),$$

$$p(s_2)u(\$100) + p(s_3)u(\$100) > p(s_1)u(\$100) + p(s_3)u(\$100),$$

故有 $p(s_1) > p(s_2)$, $p(s_2) > p(s_1)$, 矛盾. 因此, 主观期望效用理论不能解释上述典型性偏好关系, 这个现象称为厄尔斯伯格悖论.

目前, 对厄尔斯伯格悖论主要有两种解读方法, 它们各自提供了扩展主观期望效用理论的思路. 第一种解读方法是, 厄尔斯伯格决策情景涉及信息或知识的不

完全性, 因为它没有提供黑球和黄球的数量, 在不确定情形下, 当事人通常是**含糊性厌恶**, 而这种对不确定的态度可导致他的偏好关系违反了独立性公理. 因此, 为了消除厄尔斯伯格悖论, 我们必须弱化或放弃独立性公理 (但保留其他公理). 这个方案的代表性理论之一是**前景理论** (见附录 A).

第二种解读方法是, 由于仅知道罐中黑球和黄球数目的总量, 所以我们不能确定取出黑球或黄球的概率, 这导致我们可能无法为每个行为指派精确的期望效用 (可能为一个集合), 故两组行为的序关系是不确定的, 因而这些行为之间的偏好关系不是完全的 (但满足独立性公理). 如果我们不得不给出这些行为之间的偏好关系, 将不免产生悖论.

这种解读方法提倡放弃弱序公理而保留独立性公理, 代表性人物有塞登菲尔德 (T. Seidenfeld)、莱维 (I. Levi). 他们认为在不确定状况下决策者有关世界状态的信念度用一个概率函数来表征是不现实的、不合适的, 也就是说, 在信息或知识不完备条件下, 我们应该用一个**概率函数集合**来表征信念度, 以刻画概率的不确定性和无知, 于是可建立非精确概率理论. 基于此, 塞登菲尔德等在弱化弱序公理的基础上推广了期望效用理论.

进一步, 为了消除厄尔斯伯格悖论, 莱维等人提出了概率不确定情形下偏好关系的确定规则: 先计算所有行为的最小期望效用, 然后找出其中最大的一个 (称之为安全水平), 再选择其对应的行为. 这个规则通常被称为安全水平规则或最大最小化规则. 在厄尔斯伯格决策情景中, 4 个行为的安全水平分别为

$$\frac{1}{3}u(100)、0、\frac{1}{3}u(100) \text{ 和 } \frac{2}{3}u(100).$$

由于 $\frac{1}{3}u(100) > 0$, 故当事人偏好 H_1; 因为 $\frac{1}{3}u(100) < \frac{2}{3}u(100)$, 当事人偏好 H_4. 这和实验结果是一致的, 从而应对了厄尔斯伯格悖论的挑战.

8.5　文　献　注　释

本章主要参考了文献 [10]、[31] 和 [43]. 萨维奇的主观期望效用理论[47] 也是不确定情形下的经典理性选择理论, 这个理论非常精细, 但也比较复杂, 本书没有将它纳入, 推荐读者把它作为进阶读物. 厄尔斯伯格在其著作[19] 中提出了悖论, 其中有较大的篇幅讨论相关的哲学问题, 推荐有兴趣的读者阅读. 累积前景理论可参考文献 [50] 和 [55], 该理论的公理化基础可参考文献 [55]. 关于非精确主观概率理论可以参考文献 [11]、[29]、[48]、[36]、[34]、[56] 和 [57]. 关于最大最小化期望效用理论可参考文献 [25].

习　　题

1. 给定两个跑马乐透 H_1, H_2, $H_i(s_j) = L_{ij}$, $i, j = 1, 2$,

$$L_{11} = (0.3, 0.3, 0.3, 0.1), \quad L_{12} = (0.5, 0, 0.5, 0),$$
$$L_{21} = (0, 0, 0.5, 0.5), \quad L_{22} = (0.2, 0.4, 0, 0.4),$$
$$\Re = \{1, 2, 3, 4\}.$$

确定它们的混合跑马乐透 $H = 0.6H_1 + 0.4H_2$.

2. 证明定理 8.2的充分性.

3. 请给出一个例子说明 AA 公理 5.

4. 查阅有关厄尔斯伯格悖论的文献, 写一篇述评.

第 9 章   卡尔纳普概率逻辑理论

卡尔纳普 (1891~1970 年) 是逻辑经验主义学派的代表性人物, 也是维也纳学派的领袖之一, 他在逻辑学、科学哲学、分析哲学等方面做出了重大贡献. 在 20 世纪中叶, 他主要在归纳逻辑领域开展研究, 并出版了《概率的逻辑基础》和《归纳方法的连续统》等著作.

卡尔纳普把概率区分为概率 1 和概率 2, 后者是一个经验概念, 它是一个性质到另一个性质的相对频率的极限. 概率 1 是一个逻辑概念, 它是两个语句之间的逻辑关系, 与经验无关, 表示证据对假说的**确证度**, 刻画了证据对假说的支持程度. 从这个角度看, 归纳逻辑可以解释为确证度的理论, 或者说是关于证据的形式化理论.

卡尔纳普构建了一个逻辑语言, 这个形式语言可以表达命题及它们之间的演绎和归纳关系: 在演绎逻辑中, 如果命题 e 蕴涵命题 h, 那么 e 的逻辑域是 h 的逻辑域的一个子集; 而在归纳逻辑中, 如果 e 为假说 h 的证据, 那么证据 e 和假说 h 的关系为卡尔纳普所称的部分蕴涵关系, 概率 1 实际上就是证据 e 对假说 h 的确证度. 以此看来, 卡尔纳普构建概率逻辑理论的基本思路是: 在形式语言的基础上定义语句的逻辑域, 进而给出逻辑域的相关测度.

9.1   语   言

卡尔纳普的语言 $\mathcal{L}$ 包括如下初始符号:

(1) 个体常元: $a_1, a_2, a_3, \cdots$ (或 $a, b, c, \cdots$);

(2) 个体变元: $x_1, x_2, x_3, \cdots$ (或 $x, y, z, \cdots$);

(3) 逻辑联结词: $\neg, \wedge, \vee$;

(4) 量词: $\forall$;

(5) 初始谓词: $P_1, P_2, P_3, \cdots$ (或 $F, G, H, \cdots$);

(6) 括号:), (;

(7) 等词: =.

$\mathcal{L}$ 的生成规则与一阶逻辑形式语言相同. 记 $\mathcal{L}_N^n$ 为 N 个个体常元、n 个初始谓词的语言. 若 P 是一个初始谓词, a 是一个个体常元, 则称 Pa 为**原子语句**, 表示个体 a 具有性质 P, 在此基础上, 由生成规则可以形成其他语句.

卡尔纳普定义了一种特殊的谓词, 称为 Q **谓词**. 粗略地说, Q 谓词由 $\mathcal{L}$ 中初始谓词 (一元谓词) 合取生成, 每一个初始谓词及其否定有且仅有一个在 Q 谓词中出现.

定义 9.1　$\mathcal{L}$ 中的一个 Q 谓词 $Qx := \wedge_i F_i x$, 其中 F_i 为 P_i 或 $\neg P_i$, P_i 为初始谓词.

例 9.1　假设形式语言 $\mathcal{L}_3^2$ 中有个体常元 a, b, c, 初始谓词 F 和 G. 那么在 $\mathcal{L}_3^2$ 中有 4 个 Q 谓词:

$$Q_1 x : Fx \wedge Gx,$$
$$Q_2 x : Fx \wedge \neg Gx,$$
$$Q_3 x : \neg Fx \wedge Gx,$$
$$Q_4 x : \neg Fx \wedge \neg Gx.$$

注记 9.1　若形式语言 $\mathcal{L}$ 有 n 个初始谓词, 则 $\mathcal{L}$ 有 2^n 个 Q 谓词.

由一个 Q 谓词和一个个体常元 a 构成的语句 Qa 称为 Q 语句.

语言 $\mathcal{L}$ 中的每个原子语句及其否定句组成一个**基本对**. 例如, Pa 和 $\neg Pa$ 是一个基本对. 为了刻画世界状态, 卡尔纳普引进了 "**状态描述**" 和 "**结构描述**" 两个概念. 粗略地说, 语言 $\mathcal{L}$ 中的状态描述是一个合取句, 它以该语言中每个基本对中的一个句子为其合取支, 并且不再包含其他的语句, 其中的合取支可以按字典顺序排列.

定义 9.2 (状态描述)　$\mathcal{L}$ 中的一个状态描述 $s := \wedge_i(\wedge_j F_i a_j)$, 这里 a_j 为个体常元, F_i 为 P_i 或 $\neg P_i$, P_i 为初始谓词.

每个状态描述刻画了世界的一种可能的状态. 例如, 假设语言 $\mathcal{L}_3^2$ 中有个体常元 a, b, c, 一元谓词 F 和 G, 我们用 $\mathfrak{S}$ 表示状态描述集合, 其中一个状态描述是

$$s = Fa \wedge Fb \wedge Fc \wedge Ga \wedge Gb \wedge \neg Gc.$$

它刻画了给定论域中所有个体可能具有的一些性质.

基于 Q 谓词概念, 任意状态描述可以转换为另一逻辑等值的公式, 它是由 Q 语句合取而成的句子, 称之为 Q **形式**. 在 $\mathcal{L}_N^n$ 中, 任意状态描述的相应 Q 形式为 $Q_i a_1 \wedge Q_j a_2 \wedge \cdots \wedge Q_k a_N$, $i, j, k = 1, 2, \cdots, 2^n$. 例如, 上述状态描述 s 的相应 Q 形式为

$$s = Fa \wedge Fb \wedge Fc \wedge Ga \wedge Gb \wedge \neg Gc$$
$$= Fa \wedge Ga \wedge Fb \wedge Gb \wedge Fc \wedge \neg Gc$$
$$= Q_1 a \wedge Q_1 b \wedge Q_2 c.$$

注记 9.2 $\mathcal{L}_N^n$ 有 $(2^n)^N$ 个状态描述.

例 9.2   假设形式语言 $\mathcal{L}_3^2$ 中有个体常元 a, b, c, 初始谓词 F 和 G. 在 $\mathcal{L}_3^2$ 中有 $4^3 = 64$ 个状态描述, 清单请参见表 9.1 中的状态描述栏, 其中的 8 个为

$$Q_1a \wedge Q_1b \wedge Q_1c, \; Q_1a \wedge Q_2b \wedge Q_1c;$$
$$Q_1a \wedge Q_1b \wedge Q_2c, \; Q_1a \wedge Q_2b \wedge Q_2c;$$
$$Q_1a \wedge Q_1b \wedge Q_3c, \; Q_1a \wedge Q_2b \wedge Q_3c;$$
$$Q_1a \wedge Q_1b \wedge Q_4c, \; Q_1a \wedge Q_2b \wedge Q_4c.$$

在 $\mathcal{L}_N^n$ 中, 给定状态描述 s, 记 N_i^s 为 s 中具有性质 Q_i 的个体的个数, 即 Q_i 在该状态描述中出现的次数, 称之为 Q 数. 显然, 对于具有 N 个个体的形式语言中的任意状态描述 s, 我们有 $\sum_i N_i^s = N$. 此外, $\dfrac{N_i^s}{N}$ 表示谓词 Q_i 在状态描述 s 中出现的相对频率.

在前面语言 $\mathcal{L}_3^2$ 中, 令

$$s_1 = Q_1a \wedge Q_1b \wedge Q_1c,$$
$$s_2 = Q_1a \wedge Q_1b \wedge Q_2c,$$
$$s_3 = Q_1a \wedge Q_2b \wedge Q_1c,$$
$$s_4 = Q_2a \wedge Q_1b \wedge Q_1c,$$
$$s_5 = Q_1a \wedge Q_2b \wedge Q_3c.$$

它们的 Q 数为

$$N_1^{s_1} = 3, \quad N_2^{s_1} = N_3^{s_1} = N_4^{s_1} = 0;$$
$$N_1^{s_2} = 2, \quad N_2^{s_2} = 1, \quad N_3^{s_2} = N_4^{s_2} = 0;$$
$$N_1^{s_3} = 2, \quad N_2^{s_3} = 1, \quad N_3^{s_3} = N_4^{s_3} = 0;$$
$$N_1^{s_4} = 2, \quad N_2^{s_4} = 1, \quad N_3^{s_4} = N_4^{s_4} = 0;$$
$$N_1^{s_5} = N_2^{s_5} = N_3^{s_5} = 1, \quad N_4^{s_5} = 0.$$

易见, s_2, s_3, s_4 具有相同的 Q 数, Q_1 在 s_1 中出现的相对频率为 1, Q_1 在 s_2, s_3, s_4 中出现的相对频率均为 $\dfrac{2}{3}$, Q_2 在上述三个状态描述中出现的相对频率均为 $\dfrac{1}{3}$, Q_3 和 Q_4 在上述三个状态描述中出现的相对频率均为 0, 而 Q_1, Q_2 和 Q_3 在 s_5 中出现的相对频率均为 $\dfrac{1}{3}$. 记 $\hat{s}$ 为与 s 具有相同 Q 数的状态描述 (包括 s) 个数.

事实 9.1　设 s 为 $\mathcal{L}_N^n$ 中的一个状态描述, 那么

$$\widehat{s} = \frac{N!}{N_1^s! N_2^s! \cdots N_{2^n}^s!}.$$

在上述状态描述中, 与 s_1, s_2, s_5 具有相同 Q 数的状态描述个数分别为

$$\widehat{s_1} = \frac{3!}{3!0!0!0!} = 1, \quad \widehat{s_2} = \frac{3!}{2!1!0!0!} = 3, \quad \widehat{s_5} = \frac{3!}{1!1!1!0!} = 6.$$

在表 9.1 状态描述栏中, 每一栏的状态描述具有相同 Q 数. 给定一个状态描述, 我们可以将其中的 Q 谓词看作座位, 每一个体只能找一个相应的座位坐下来, 从而形成这个状态描述. 直观上, 具有相同 Q 数的状态描述的结构是相同的. 我们称具有相同 Q 数的状态描述是**同构的**.

定义 9.3 (结构描述)　我们称同构的状态描述的析取式为结构描述.

例如, s_1 是语言 $\mathcal{L}_3^2$ 中的一个结构描述, 其中 Q_1 的相对频率为 1; $s_2 \vee s_3 \vee s_4$ 也是该语言的一个结构描述, 其中 Q_1 的相对频率为 $2/3$, Q_2 的相对频率为 $1/3$, Q_3 和 Q_4 都是 0. 记 $\widehat{d}$ 为 $\mathcal{L}_N$ 中含有结构描述的个数.

表 9.1　$\mathcal{L}_3^2$ 中状态描述、结构描述、m^* 测度

结构	结构描述 m^* 测度	$\widehat{s}$ 值	状态描述	状态描述 m^* 测度
Q_1	$\frac{1}{20}$	1	$Q_1 a \wedge Q_1 b \wedge Q_1 c$	$\frac{1}{20}$
$\frac{2}{3}Q_1, \frac{1}{3}Q_2$	$\frac{1}{20}$	3	$Q_1 a \wedge Q_1 b \wedge Q_2 c$	$\frac{1}{60}$
			$Q_1 a \wedge Q_2 b \wedge Q_1 c$	$\frac{1}{60}$
			$Q_2 a \wedge Q_1 b \wedge Q_1 c$	$\frac{1}{60}$
$\frac{2}{3}Q_1, \frac{1}{3}Q_3$	$\frac{1}{20}$	3	$Q_1 a \wedge Q_1 b \wedge Q_3 c$	$\frac{1}{60}$
			$Q_1 a \wedge Q_3 b \wedge Q_1 c$	$\frac{1}{60}$
			$Q_3 a \wedge Q_1 b \wedge Q_1 c$	$\frac{1}{60}$
$\frac{2}{3}Q_1, \frac{1}{3}Q_4$	$\frac{1}{20}$	3	$Q_1 a \wedge Q_1 b \wedge Q_4 c$	$\frac{1}{60}$
			$Q_1 a \wedge Q_4 b \wedge Q_1 c$	$\frac{1}{60}$
			$Q_4 a \wedge Q_1 b \wedge Q_1 c$	$\frac{1}{60}$
$\frac{1}{3}Q_1, \frac{2}{3}Q_2$	$\frac{1}{20}$	3	$Q_1 a \wedge Q_2 b \wedge Q_2 c$	$\frac{1}{60}$
			$Q_2 a \wedge Q_1 b \wedge Q_2 c$	$\frac{1}{60}$
			$Q_2 a \wedge Q_2 b \wedge Q_1 c$	$\frac{1}{60}$

续表

结构	结构描述 m^* 测度	$\hat{s}$ 值	状态描述	状态描述 m^* 测度
$\frac{1}{3}Q_1, \frac{2}{3}Q_3$	$\frac{1}{20}$	3	$Q_1a \wedge Q_3b \wedge Q_3c$	$\frac{1}{60}$
			$Q_3a \wedge Q_1b \wedge Q_3c$	$\frac{1}{60}$
			$Q_3a \wedge Q_3b \wedge Q_1c$	$\frac{1}{60}$
$\frac{1}{3}Q_1, \frac{2}{3}Q_4$	$\frac{1}{20}$	3	$Q_1a \wedge Q_4b \wedge Q_4c$	$\frac{1}{60}$
			$Q_4a \wedge Q_1b \wedge Q_4c$	$\frac{1}{60}$
			$Q_4a \wedge Q_4b \wedge Q_1c$	$\frac{1}{60}$
$\frac{1}{3}Q_1, \frac{1}{3}Q_2, \frac{1}{3}Q_3$	$\frac{1}{20}$	6	$Q_1a \wedge Q_2b \wedge Q_3c$	$\frac{1}{120}$
			$Q_1a \wedge Q_3b \wedge Q_2c$	$\frac{1}{120}$
			$Q_2a \wedge Q_1b \wedge Q_3c$	$\frac{1}{120}$
			$Q_2a \wedge Q_3b \wedge Q_1c$	$\frac{1}{120}$
			$Q_3a \wedge Q_1b \wedge Q_2c$	$\frac{1}{120}$
			$Q_3a \wedge Q_2b \wedge Q_1c$	$\frac{1}{120}$
$\frac{1}{3}Q_1, \frac{1}{3}Q_2, \frac{1}{3}Q_4$	$\frac{1}{20}$	6	$Q_1a \wedge Q_2b \wedge Q_4c$	$\frac{1}{120}$
			$Q_1a \wedge Q_4b \wedge Q_2c$	$\frac{1}{120}$
			$Q_2a \wedge Q_1b \wedge Q_4c$	$\frac{1}{120}$
			$Q_2a \wedge Q_4b \wedge Q_1c$	$\frac{1}{120}$
			$Q_4a \wedge Q_1b \wedge Q_2c$	$\frac{1}{120}$
			$Q_4a \wedge Q_2b \wedge Q_1c$	$\frac{1}{120}$
$\frac{1}{3}Q_1, \frac{1}{3}Q_3, \frac{1}{3}Q_4$	$\frac{1}{20}$	6	$Q_1a \wedge Q_3b \wedge Q_4c$	$\frac{1}{120}$
			$Q_1a \wedge Q_4b \wedge Q_3c$	$\frac{1}{120}$
			$Q_3a \wedge Q_1b \wedge Q_4c$	$\frac{1}{120}$
			$Q_3a \wedge Q_4b \wedge Q_1c$	$\frac{1}{120}$
			$Q_4a \wedge Q_1b \wedge Q_3c$	$\frac{1}{120}$
			$Q_4a \wedge Q_3b \wedge Q_1c$	$\frac{1}{120}$
Q_2	$\frac{1}{20}$	1	$Q_2a \wedge Q_2b \wedge Q_2c$	$\frac{1}{20}$
$\frac{2}{3}Q_2, \frac{1}{3}Q_3$	$\frac{1}{20}$	3	$Q_2a \wedge Q_2b \wedge Q_3c$	$\frac{1}{60}$

续表

结构	结构描述 m^* 测度	$\hat{s}$ 值	状态描述	状态描述 m^* 测度
$\frac{2}{3}Q_2, \frac{1}{3}Q_3$	$\frac{1}{20}$	3	$Q_2a \wedge Q_3b \wedge Q_2c$	$\frac{1}{60}$
			$Q_3a \wedge Q_2b \wedge Q_2c$	$\frac{1}{60}$
$\frac{2}{3}Q_2, \frac{1}{3}Q_4$	$\frac{1}{20}$	3	$Q_2a \wedge Q_2b \wedge Q_4c$	$\frac{1}{60}$
			$Q_2a \wedge Q_4b \wedge Q_2c$	$\frac{1}{60}$
			$Q_4a \wedge Q_2b \wedge Q_2c$	$\frac{1}{60}$
$\frac{1}{3}Q_2, \frac{2}{3}Q_3$	$\frac{1}{20}$	3	$Q_2a \wedge Q_3b \wedge Q_3c$	$\frac{1}{60}$
			$Q_3a \wedge Q_2b \wedge Q_3c$	$\frac{1}{60}$
			$Q_3a \wedge Q_3b \wedge Q_2c$	$\frac{1}{60}$
$\frac{1}{3}Q_2, \frac{2}{3}Q_4$	$\frac{1}{20}$	3	$Q_2a \wedge Q_4b \wedge Q_4c$	$\frac{1}{60}$
			$Q_4a \wedge Q_2b \wedge Q_4c$	$\frac{1}{60}$
			$Q_4a \wedge Q_4b \wedge Q_2c$	$\frac{1}{60}$
$\frac{1}{3}Q_2, \frac{1}{3}Q_3, \frac{1}{3}Q_4$	$\frac{1}{20}$	6	$Q_2a \wedge Q_3b \wedge Q_4c$	$\frac{1}{120}$
			$Q_2a \wedge Q_4b \wedge Q_3c$	$\frac{1}{120}$
			$Q_3a \wedge Q_2b \wedge Q_4c$	$\frac{1}{120}$
			$Q_3a \wedge Q_4b \wedge Q_2c$	$\frac{1}{120}$
			$Q_4a \wedge Q_2b \wedge Q_3c$	$\frac{1}{120}$
			$Q_4a \wedge Q_3b \wedge Q_2c$	$\frac{1}{120}$
Q_3	$\frac{1}{20}$	1	$Q_3a \wedge Q_3b \wedge Q_3c$	$\frac{1}{20}$
$\frac{2}{3}Q_3, \frac{1}{3}Q_4$	$\frac{1}{20}$	3	$Q_3a \wedge Q_3b \wedge Q_4c$	$\frac{1}{60}$
			$Q_3a \wedge Q_4b \wedge Q_3c$	$\frac{1}{60}$
			$Q_4a \wedge Q_3b \wedge Q_3c$	$\frac{1}{60}$
$\frac{1}{3}Q_3, \frac{2}{3}Q_4$	$\frac{1}{20}$	3	$Q_3a \wedge Q_4b \wedge Q_4c$	$\frac{1}{60}$
			$Q_4a \wedge Q_3b \wedge Q_4c$	$\frac{1}{60}$
			$Q_4a \wedge Q_4b \wedge Q_3c$	$\frac{1}{60}$
Q_4	$\frac{1}{20}$	1	$Q_4a \wedge Q_4b \wedge Q_4c$	$\frac{1}{20}$

事实 9.2　给定形式语言 $\mathcal{L}_N^n$, 它包含结构描述的个数为

$$\widehat{d} = \frac{(N + 2^n - 1)!}{N!(2^n - 1)!}.$$

若给定语言 $\mathcal{L}_3^2$, 则它包含结构描述的个数为

$$\widehat{d} = \frac{(3 + 2^2 - 1)!}{3!(2^2 - 1)!} = 20.$$

详细的清单请见表 9.1.

9.2　语　　义

定义 9.4　令 i 是 $\mathcal{L}$ 中的一个句子, i 在 $\mathcal{L}$ 中为真, 记为 $\vDash_{\mathcal{L}} i$, 递归定义如下:

(1) i 是原子语句 Pa, 且 a 具有性质 P;

(2) i 为形式 $a = a$;

(3) i 是 t(t 为常真式);

(4) i 是 $\neg j$, 且 j 在 $\mathcal{L}$ 中不真;

(5) i 是 $j \vee k$, 且 j 或 k 在 $\mathcal{L}$ 中为真;

(6) i 是 $j \wedge k$, 且 j 和 k 在 $\mathcal{L}$ 中为真;

(7) i 是 $\forall x A(x)$, 且 A 的所有代入特例在 $\mathcal{L}$ 中为真.

$\mathcal{L}$ 中的一个语句集合 I 在 $\mathcal{L}$ 中为真, 当且仅当 I 中的每一个句子在 $\mathcal{L}$ 中为真. 类似地, 我们给出语句在状态描述中为真的定义.

定义 9.5　令 i 是 $\mathcal{L}$ 中的一个句子, s 是 $\mathcal{L}$ 中的一个状态描述, i 在 s 中为真, 记为 $s \vDash_{\mathcal{L}} i$, 递归定义如下:

(1) i 是原子语句 Pa, 且 i 是 s 的某个合取支;

(2) i 为形式 $a = a$;

(3) i 是 t(t 为常真式);

(4) i 是 $\neg j$, 且 j 在 s 中不真;

(5) i 是 $j \vee k$, 且 j 或 k 在 s 中为真;

(6) i 是 $j \wedge k$, 且 j 和 k 在 s 中为真;

(7) i 是 $\forall x A(x)$, 且 A 的所有代入特例在 s 中为真.

$\mathcal{L}$ 中的一个语句集合 I 在状态描述 s 中成立, 当且仅当 I 中的每一个句子在 s 中成立. 句子 i 的语义是由 i 在其中成立的状态描述的集合决定的, 其中的每个状态描述都蕴涵 i, 我们称这个集合为 i 的**逻辑域**, 简称为 i 的**域**, 记作 $R(i)$, 语句集合 I 的域记作 $R(I)$.

定义 9.6 (域) 设 i 是系统 $\mathcal{L}$ 中的一个句子, I 是 $\mathcal{L}$ 中的一个语句集合,

(1) $R(i) = \{s \in \mathfrak{S} : s \vDash_{\mathcal{L}} i\}$;

(2) $R(I) = \{s \in \mathfrak{S} : s \vDash_{\mathcal{L}} i, \forall i \in I\}$.

定理 9.1 i 是 $\mathcal{L}$ 中的语句, I 是 $\mathcal{L}$ 中的语句集合.

(1) 若 i 是原子语句, 则 $R(i) = \{s \in \mathfrak{S} : s \vDash_{\mathcal{L}} i\}$;

(2) 若 i 是 $a = a$, 则 $R(i) = \mathfrak{S}$;

(3) 若 i 是 $a_i = a_j$, 且 $a_i \neq a_j$, 则 $R(i) = \varnothing$;

(4) 若 i 是 t, 则 $R(i) = \mathfrak{S}$;

(5) 若 i 是 $\neg j$, 则 $R(i) = \mathfrak{S} - R(j)$;

(6) 若 i 是 $j \vee k$, 则 $R(i) = R(j) \cup R(k)$;

(7) 若 i 是 $j \wedge k$, 则 $R(i) = R(j) \cap R(k)$;

(8) 若 i 是 $\forall x(Px)$, 则 $R(i) = \bigcap_a R(Pa)$;

(9) 若 $I \neq \varnothing$, 则 $R(I) = \bigcap_i R(i)$.

注记 9.3 令 i 和 j 是 $\mathcal{L}$ 中的语句,

(1) i 逻辑真, 如果 $R(i) = \mathfrak{S}$;

(2) i 逻辑假, 如果 $R(i) = \varnothing$;

(3) i 逻辑蕴涵 j, 如果 $R(i) \subset R(j)$;

(4) i 逻辑等值于 j, 如果 $R(i) = R(j)$;

(5) i 和 j 逻辑不相容, 如果 $R(i) \cap R(j) = \varnothing$.

在前面语言 $\mathcal{L}_3^2$ 中, 由定义 9.5可知:

$$Q_1 a \wedge Q_1 b \wedge Q_i c \vDash_{\mathcal{L}_3^2} Fa \wedge Ga \wedge Fb \wedge Gb;$$

$$Q_j a \wedge Q_k b \wedge Q_l c \vDash_{\mathcal{L}_3^2} Fa \wedge Fb.$$

这里, $i, l = 1, 2, 3, 4$, $j, k = 1, 2$. 因此,

$$R(Fa \wedge Ga \wedge Fb \wedge Gb) = \{Q_1 a \wedge Q_1 b \wedge Q_i c : i = 1, 2, 3, 4\};$$

$$R(Fa \wedge Fb) = \{Q_j a \wedge Q_k b \wedge Q_l c : j, k = 1, 2, l = 1, 2, 3, 4\}.$$

显然, $R(Fa \wedge Ga \wedge Fb \wedge Gb) \subset R(Fa \wedge Fb)$, 故 $Fa \wedge Ga \wedge Fb \wedge Gb$ 逻辑蕴涵 $Fa \wedge Fb$.

9.3 逻辑概率: 确证度函数

定义 9.7 (正则测度函数) 给定语言 $\mathcal{L}_N$, 如果定义 $\mathfrak{S}$ 上的一个实值函数 m 满足:

- 正值性: 对于任意状态描述 $s \in \mathfrak{S}$, $m(s) > 0$;
- 规范性: $\sum\limits_{s} m(s) = 1$,

那么称 m 是关于 $\mathcal{L}_N$ 中状态描述的正则测度函数 (简称 m 函数).

定义 9.8 (语句的正则测度函数)　令 m 是 $\mathcal{L}_N$ 中的正则测度函数, 语句 i 的正则测度定义为

- 若句子 i 为假, $m(i) = 0$;
- $m(i) = \sum\limits_{s \in R(i)} m(s)$.

定理 9.2 (正则 m 函数的性质)　令 i 和 j 是 $\mathcal{L}_N$ 中语句, m 为一个正则测度函数, 则以下结论成立.

(1) 若 $\vDash_{\mathcal{L}_N} i \leftrightarrow j$, 则 $m(i) = m(j)$;

(2) 若 $\vDash_{\mathcal{L}_N} i$, 则 $m(i) = 1$;

(3) $0 \leqslant m(i) \leqslant 1$;

(4) 若 $\vDash_{\mathcal{L}_N} i \rightarrow j$, 则 $m(i) \leqslant m(j)$;

(5) $m(i \vee j) = m(i) + m(j) - m(i \wedge j)$;

(6) 若 $m(i \wedge j) = 0$, 则 $m(i \vee j) = m(i) + m(j)$;

(7) $m(\neg i) = 1 - m(i)$.

定义 9.9 (正则确证函数)　若 m 是 $\mathcal{L}_N$ 中的正则测度函数, 对 $\mathcal{L}_N$ 中任意语句 e 和 h, $m(e) \neq 0$, 则该语言的正则确证函数 c 定义为

$$c(h, e) = \frac{m(h \wedge e)}{m(e)}.$$

定理 9.3　若 c 为 $\mathcal{L}_N$ 中的正则确证函数, e 和 h 是这个语言的句子, 则以下结论成立.

(1) $0 \leqslant c(h, e) \leqslant 1$;

(2) 若 $\vDash_{\mathcal{L}_N} e \rightarrow h$, 则 $c(h, e) = 1$;

(3) 若 $\vDash_{\mathcal{L}_N} e \leftrightarrow e'$, 则 $c(h, e) = c(h, e')$;

(4) 若 $\vDash_{\mathcal{L}_N} h \leftrightarrow h'$, 则 $c(h, e) = c(h', e)$;

(5) $c(h \vee i, e) = c(h, e) + c(i, e) - c(h \wedge i, e)$;

(6) 若 $c(h \wedge i, e) = 0$, 则 $c(h \vee i, e) = c(h, e) + c(i, e)$;

(7) $c(h \wedge i, e) = c(h, e) \cdot c(i, e \wedge h) = c(i, e) \cdot c(h, e \wedge i)$;

(8) $c(\neg h, e) = 1 - c(h, e)$.

注记 9.4　m 函数和 c 函数满足概率公理和规则.

这里存在不同的 m 函数构造方法. 我们介绍两种. 第一种的基本思想是对形式语言中每一个状态描述指派等同的度量[①], 以这种方式而得到的测度函数记

[①] 使用无差别原则.

为 $m^\dagger$, 即 $m^\dagger$ 是关于 $\mathcal{L}_N$ 中状态描述的正则测度函数, 且对于任意 $s, s' \in \mathfrak{S}$, 有 $m^\dagger(s) = m^\dagger(s')$.

注记 9.5　在 $\mathcal{L}_N^n$ 中, 对于任意 $s \in \mathfrak{S}$, 有 $m^\dagger(s) = \dfrac{1}{(2^n)^N}$.

在此基础上我们定义一个相应的确证度函数: 对 $\mathcal{L}_N$ 中任意句子 e 和 h, $m^\dagger(e) \neq 0$,

$$c^\dagger(h, e) = \frac{m^\dagger(h \wedge e)}{m^\dagger(e)}.$$

那么可以发现存在这种情况: $c^\dagger(h, e) = c^\dagger(h, t) = m^\dagger(h)$, 即 h 在证据 e 上的确证度等于它的先验测度, 这表明如此赋值将导致这个系统没有归纳推理和学习功能.

事实 9.3　假设 $\mathcal{L}_3^2$ 中有个体常元 a, b, c, 初始谓词 F 和 G, 那么

$$c^\dagger(Fc, Fa \wedge Fb) = m^\dagger(Fc) = \frac{1}{2}.$$

证明　在上述假设的 $\mathcal{L}_3^2$ 语言中包含有 64 个状态描述, 故每一个状态描述的 $m^\dagger$ 测度值为 $1/64$.

先确定语句 Fc、$Fa \wedge Fb \wedge Fc$、$Fa \wedge Fb$ 的逻辑域:

$$R(Fc) = \{Q_i a \wedge Q_j b \wedge Q_k c : i, j = 1, 2, 3, 4, k = 1, 2\},$$
$$R(Fa \wedge Fb \wedge Fc) = \{Q_i a \wedge Q_j b \wedge Q_k c : i, j, k = 1, 2\},$$
$$R(Fa \wedge Fb) = \{Q_i a \wedge Q_j b \wedge Q_k c : i, j = 1, 2, k = 1, 2, 3, 4\}.$$

显然上述语句的逻辑域分别包含 32 个、8 个和 16 个状态描述, 故

$$m^\dagger(Fc) = \frac{1}{2}, \quad m^\dagger(Fa \wedge Fb \wedge Fc) = \frac{1}{8}, \quad m^\dagger(Fa \wedge Fb) = \frac{1}{4}.$$

于是

$$c^\dagger(Fc, Fa \wedge Fb) = \frac{m^\dagger(Fa \wedge Fb \wedge Fc)}{m^\dagger(Fa \wedge Fb)} = \frac{1}{2}.$$

因此, $c^\dagger(Fc, Fa \wedge Fb) = m^\dagger(Fc)$.　　　　□

直观上, 证据"个体 a 和 b 都有性质 F", 提高了"个体 c 具有性质 F"这一命题的确证度, 即有 $c^\dagger(Fc, Fa \wedge Fb) > m^\dagger(Fc)$. 然而, 上述事实表明 $c^\dagger$ 并没有这样的性质. 类似地, 我们还可以得到:

$$c^\dagger(\neg Fc, Fa \wedge Fb) = m^\dagger(\neg Fc) = \frac{1}{2}.$$

另一种 m 函数构造的基本思想是: 先给语言中所有的结构描述指派相同的值, 然后再把这个值平均分给这一结构描述中所包含的状态描述. 以这种方式得

到的测度函数记为 m^*, 即 m^* 是关于 $\mathcal{L}_N$ 中状态描述的正则测度函数, 且对于任意 $s \in \mathfrak{S}$, 有 $m^*(s) = \dfrac{1}{\hat{d}\,\hat{s}}$.

注记 9.6 在 $\mathcal{L}_N^n$ 中, 对于任意 $s \in \mathfrak{S}$, 有

$$m^*(s) = \frac{N_1^s! N_2^s! \cdots N_{2^n}^s! (2^n - 1)!}{(N + 2^n - 1)!}.$$

记 c^* 为由 m^* 所定义的确证度函数: 对 $\mathcal{L}_N$ 中任意句子 e 和 h, $m^*(e) \neq 0$,

$$c^*(h, e) = \frac{m^*(h \wedge e)}{m^*(e)}.$$

事实 9.4 假设 $\mathcal{L}_3^2$ 中有个体常元 a, b, c, 初始谓词 F 和 G, 那么

$$c^*(Fc, Fa \wedge Fb) > m^*(Fc).$$

证明 前面的证明已经给出了相关语句的逻辑域, 下面我们需要确定这些逻辑域中每个状态描述的 m^* 测度值. 这里我们给出三个状态描述的 m^* 测度值, 其余的类似可得 (详见表 9.1).

$$\begin{aligned}
m^*(Q_1 a \wedge Q_1 b \wedge Q_1 c) &= \frac{N_1^s! N_2^s! \cdots N_{2^n}^s! (2^n - 1)!}{(N + 2^n - 1)!} \\
&= \frac{3! 0! 0! 0! (2^2 - 1)!}{(3 + 2^2 - 1)!} \\
&= \frac{1}{20};
\end{aligned}$$

$$\begin{aligned}
m^*(Q_1 a \wedge Q_1 b \wedge Q_2 c) &= \frac{N_1^s! N_2^s! \cdots N_{2^n}^s! (2^n - 1)!}{(N + 2^n - 1)!} \\
&= \frac{2! 1! 0! 0! (2^2 - 1)!}{(3 + 2^2 - 1)!} \\
&= \frac{1}{60};
\end{aligned}$$

$$\begin{aligned}
m^*(Q_1 a \wedge Q_2 b \wedge Q_3 c) &= \frac{N_1^s! N_2^s! \cdots N_{2^n}^s! (2^n - 1)!}{(N + 2^n - 1)!} \\
&= \frac{1! 1! 1! 0! (2^2 - 1)!}{(3 + 2^2 - 1)!} \\
&= \frac{1}{120}.
\end{aligned}$$

故

$$m^*(Fa \wedge Fb \wedge Fc) = \sum_{s \in R(Fa \wedge Fb \wedge Fc)} m^*(s)$$

$$= \frac{1}{20} + \frac{1}{20} + \frac{1}{60} + \frac{1}{60} + \frac{1}{60} + \frac{1}{60} + \frac{1}{60} + \frac{1}{60}$$

$$= \frac{1}{5}.$$

由于 $R(Fa \wedge Fb \wedge Fc) \subset R(Fa \wedge Fb)$, 故

$$m^*(Fa \wedge Fb) = \sum_{s \in R(Fa \wedge Fb)} m^*(s)$$

$$= \sum_{s \in R(Fa \wedge Fb \wedge Fc)} m^*(s) + \sum_{s \in R(Fa \wedge Fb \wedge \neg Fc)} m^*(s)$$

$$= \frac{1}{5} + \frac{1}{60} + \frac{1}{60} + \frac{1}{60} + \frac{1}{60} + \frac{1}{120} + \frac{1}{120} + \frac{1}{120} + \frac{1}{120}$$

$$= \frac{3}{10}.$$

类似可得 $m^*(Fc) = \frac{1}{2}$.

于是

$$c^*(Fc, Fa \wedge Fb) = \frac{m^*(Fa \wedge Fb \wedge Fc)}{m^*(Fa \wedge Fb)} = \frac{2}{3}.$$

从而有 $c^*(Fc, Fa \wedge Fb) > m^*(Fc)$, 它表明证据 "$Fa \wedge Fb$" 提高 "个体 c 具有性质 F" 的逻辑概率, 即 c^* 确证度概念可以避免步入前一种做法的困境.   □

因此, 在卡尔纳普的概率逻辑中, 我们通常以 c^* 确证度概念为基础进行讨论.

9.4 文 献 注 释

本章以 $\mathcal{L}_3^2$ 为例构造了卡尔纳普 c^* 确证度理论, 语义小节中的定义和定理参考了文献 [6], 更多有关正则测度和确证度的定理可参阅文献 [6]、[15]. 表 9.1 参考了文献 [33].

本章基于形式语言中个体是有穷的情形介绍卡尔纳普理论. 我们不难发现: 当语言中个体是无穷时, 其状态描述的个数也是无穷的, 这将导致全称语句的确证度为零的困境. 有关这个困难的解决方案, 读者可以参考文献 [14] 和 [15].

习 题

1. 请写出语言 $\mathcal{L}_4^2$ 中的 Q 谓词, 这个语言中有多少个状态描述和结构描述?

2. 证明本章的定理.

3. 假设 $\mathcal{L}_3^2$ 中有个体常元 a, b, c, 初始谓词 F 和 G,

   • 写出状态描述 $Q_1a \wedge Q_2b \wedge Q_2c$ 的 Q 数;

   • 写出语句 $\neg Fa \wedge Gc$ 和 $\neg Fa \wedge \neg Fb \wedge Gc$ 的逻辑域, 并确定这两个语句之间的逻辑关系;

   • 请确定 $c^*(\neg Fc, Fa \wedge Fb)$ 和 $m^*(\neg Fc)$ 之间大小关系, 并证明之.

第三部分

理性选择理论的延伸：从个体到群体

第 10 章　社会选择：阿罗不可能性定理

社会选择理论是一种刻画群体决策的理论, 是第二部分内容的延伸. 本章将介绍经典的社会选择理论——阿罗不可能性定理, 主要介绍其中的不可能性定理.

阿罗 (K. Arrow, 1921~2017 年), 美国经济学家, 于 1972 年荣获诺贝尔经济学奖. 他在《社会选择与个人价值》等论著中, 提出了**不可能性定理**: 在聚合社会个体偏好时, 找到一个同时满足一些看似必要、合理的性质的社会福利函数是不可能的.

起初, 阿罗的这个结论令人感到十分惊讶, 使学界笼罩在一片悲观之中. 它引起了来自经济学、哲学、逻辑学和数学等领域的专家进行持久的思考和辩论, 激发了人们开展深入的研究, 寻找避免不可能性这一消极结论的途径, 从而极大地推动了相关学科的发展. 以哲学和逻辑学学科为例, 有研究者通过发展阿罗理论得到主观判断聚合理论和论辩聚合理论.

10.1　理论背景和问题

第二部分介绍了理性选择的一些基本理论, 阐述了个体选择中理性的概念和表征. 将个体理性选择理论延伸到群体理性选择, 不仅是一个自然的理论问题, 而且也是社会决策经常会面临的现实问题. 这个问题的实质在于, 如何将个人的理性选择聚合起来, 从而获得一个社会选择. 比较常见的解决方法是: 规则习俗、宗教法规、权威、独裁命令、投票、经济市场制度等. 我们希望把这些方法作抽象处理而得到一个形式化的理论.

让我们从一个最简单的事例开始. 假设一个群体 (社会) 由两个个体组成, 且他们对两个选项 x 和 y 都有偏好. 显然, 可能的偏好为

$$x \succ y, \text{ 或} y \succ x, \text{ 或} x \sim y.$$

用 R^1, R^2 和 R^3 分别表示这三种情况.

为了直观地表示这些偏好序列, 我们可以通过排序的方式来实现:

- 偏好序列用一个竖列表示, 每个选项只能占据一个位置;
- 将更被个体偏好的选项置于另一选项的上方;
- 将具有无殊关系的两个选项置于同一位置.

不难发现, 这样的列表可以刻画具有完全的和传递的关系所生成的序列. 于是得到如下示意图表示 R^1, R^2 和 R^3:

$$
\begin{array}{ccc}
R^1 & R^2 & R^3 \\
x & y & x\text{-}y \\
y & x &
\end{array}
$$

如果个体 1 认为 x 比 y 好, 而个体 2 认为 x 和 y 一样好, 那么这个社会的个体偏好模式可以用一个有序对 (R^1, R^3) 来表示. 显然, 在这个例子中可能的偏好组合有 9 个 (见表 10.1左侧列表), 表示在有两个选项的条件下, 由两个个体组成的社会所具有可能的偏好排序模式. 记可能的偏好的集合为 $\mathcal{R}$.

表 10.1　　两个选项的偏好组合及其聚合

1	2	f_1	f_2	f_3	f_4
R^1	R^1	R^1	R^1	R^1	R^2
R^1	R^2	R^3	R^1	R^1	R^3
R^1	R^3	R^1	R^1	R^1	R^2
R^2	R^1	R^3	R^1	R^2	R^3
R^2	R^2	R^2	R^1	R^2	R^1
R^2	R^3	R^2	R^1	R^2	R^2
R^3	R^1	R^1	R^1	R^3	R^2
R^3	R^2	R^2	R^1	R^3	R^3
R^3	R^3	R^3	R^1	R^3	R^1

当社会个体有三个选项时 $(x, y$ 和 $z)$, 问题就将变得比较复杂. 表 10.2 列举了在这种情况下所有可能的偏好组合.

表 10.2　　三个选项的偏好组合

R^1	R^2	R^3	R^4	R^5	R^6	R^7	R^8	R^9	R^{10}	R^{11}	R^{12}	R^{13}
x	x	y	y	z	z	x	y	z	x-y	x-z	y-z	x-y-z
y	z	x	z	x	y	y-z	x-z	x-y	z	y	x	
z	y	z	x	y	x							

让我们把目光转移到表 10.1 的右侧. 其中的每一列 f_i 都将 $\mathcal{R} \times \mathcal{R}$ 中的元素与 $\mathcal{R}$ 中的一个元素联系起来. 因此, 它们代表了一种将由个体选择聚合为社会偏好模式的方法. 例如, f_1 将 R^2 和 R^3 聚合为 R^2, 此结果可以解释为如果个体 1 认为 y 比 x 好, 并且个体 2 认为 x 和 y 一样好, 那么规则 f_1 将这两个选择聚合成为一个 y 比 x 好的社会偏好. 规则 f_3 中的社会选择只取决于个体 1 的偏好, 而与个体 2 的偏好无关, 因此我们可以将这种规则称为**独裁**.

本质上, f_i 是一个由 $\mathcal{R} \times \mathcal{R}$ 到 $\mathcal{R}$ 的函数. 显然这样的函数不是唯一的, 表 10.1 仅给出了其中的 4 个函数, 实际上共有 3^9 个这样的函数. 于是这里就产生了一个问题: 在这些函数当中是否存在具有某些合理的、良好性质的 "福利" 函数?

10.2　基本概念

定义 10.1　社会选择情景是一个三元组 $\mathcal{G} = (N, X, \mathcal{R})$, 其中

- $N = \{1, 2, \cdots, n\}$ 为社会个体集;
- $X = \{x_1, x_2, \cdots, x_m\}$ 为选项集;
- $\mathcal{R} = \{R^1, R^2, \cdots, R^k\}$ 为定义在集合 X 上所有可能的偏好的集合.

注记 10.1　给定一个社会选择情景, 我们通常假设 X 和 N 是一个**有限集**, 且 X 和 N 中**至少有两个元素**, 阿罗不可能性定理需假设 X 至少有三个元素.

注记 10.2　在社会选择情景中, 通常假设 $\mathcal{R}$ 中的元素满足完全性和传递性.

注记 10.3　在社会选择情景中, 所有个体在集合 X 上所有可能的偏好序列的集合均相同.

我们再定义一些符号.

- 用小写的希腊字母 α 表示社会个体的偏好组合, 例如

$$\alpha = (R_1, R_2, \cdots, R_n)$$

是一个偏好组合, 其中 $R_i \in \mathcal{R}$ 表示个体 i 的一个偏好. 这里我们要注意 R 的上标和下标的不同含义: R^i 表示 $\mathcal{R}$ 中的第 i 个偏好关系, R_i 表示特定个体 i 的偏好关系, R_i^j 表示个体 i 的第 j 个偏好关系; 在不产生混淆的情况下, 我们省略 R_i^j 中的上标, 用 R_i 表示个体 i 的某个偏好关系; 省略 R^i 中的上标, 用 R 表示 $\mathcal{R}$ 中的某个偏好关系;

- 用花体大写英文字母 $\mathfrak{A}$ 表示所有可能的偏好组合的集合, 称之为 $\mathcal{G}$ 的**偏好组合域**. 显然, $\mathfrak{A} = \mathcal{R}^n = \mathcal{R} \times \mathcal{R} \times \cdots \times \mathcal{R}$, $\alpha \in \mathfrak{A}$;

- 若 $x, y \in X$, 记 $R_i(xy)$ 为个体 i 的偏好 R_i 指派给 (输出) 选项对 xy(即 x 和 y 之间) 的偏好. 例如, 假设 $X = \{a, b, c, d\}$, $R_i = a \succ_i b \succ_i c \sim_i d$, 那么 $R_i(ab) = a \succ_i b$, $R_i(cd) = c \sim_i d$;

- 记 $R_i(xy) = R_i'(xy)$, 如果 $R_i(xy) = x \succ_i y$, $R_i'(xy) = x \succ_i' y$. 因此, $R_i(xy) = R_i'(xy)$ 表示两个偏好对于选项 x 和 y 的偏好排序是相同的.

我们已经知道, 对于有两个元素的选项集, 我们有三个可能的偏好序列; 而对于有三个元素的选项集, 我们有十三种可能的偏好序列.

本质上, 社会福利函数 (或 "机制" "仲裁方法" "调解方案" "偏好聚合" "投票程序" 等) 是对每一个偏好组合, 即 $\mathfrak{A}$ 中的每一个元素指派一个偏好作为社会偏好.

定义 10.2　称 $f : \mathfrak{A} \to \mathcal{R}$ 为社会福利函数; 如果 $\alpha \in \mathfrak{A}$, $R \in \mathcal{R}$, 有 $f(\alpha) = R$, 那么称 R 是偏好组合 α 由 f 聚合生成的社会偏好.

注记 10.4　社会福利函数是社会个体偏好聚合的规则.

例如, 在表 10.1中, f_i 就是一个社会福利函数.

定义 10.3 (弱帕累托性)　如果对于任意 $x, y \in X$, $\alpha \in \mathfrak{A}$, 对于 α 中任意个体 i 的偏好 R_i 有 $R_i(xy) = x \succ_i y$, 那么社会偏好 $f(\alpha)$ 有 $f(\alpha)(xy) = x \succ y$.

在有些参考文献中, **弱帕累托性**也称为**无异议性**. 粗略说来, 它要表明的思想是: 对于选项集 X 中的任意元素 x 和 y, 如果社会中的每个个体都对 x 的偏好超过 y, 那么社会偏好同样为 "对 x 的偏好超过 y", 即社会保留个体之间一致性的意见.

例如, 假设一个社会由两个个体组成, 选项集 $X = \{x, y, z\}$, R_1 和 R_2 分别表示两个个体的偏好序列 (表 10.3). 显然, 在两个偏好序列中 x 位于 y 的上端, 即两个个体的偏好都有: $R_1(xy) = x \succ_1 y$, $R_2(xy) = x \succ_2 y$. 如果社会福利函数 f 满足弱帕累托性, 那么社会偏好 $f(R_1, R_2)$ 有: $f(R_1, R_2)(xy) = x \succ y$.

表 10.3　弱帕累托性

R_1	R_2
x	z
y	x
z	y

定义 10.4 (不相关选项的独立性)　假设 $x, y \in X$, $\alpha = (R_1, R_2, \cdots, R_n) \in \mathfrak{A}$, $\alpha' = (R_1', R_2', \cdots, R_n') \in \mathfrak{A}$. 如果对于任意个体 $i \in N$, 有 $R_i(xy) = R_i'(xy)$, 那么 $f(\alpha)(xy) = f(\alpha')(xy)$.

不相关选项的独立性的思想是: 如果对于两个偏好组合, 社会中的每个个体对于任意两个选项 x 和 y 具有相同的偏好, 那么这两个偏好组合所对应的社会偏好指派给 x 和 y 的偏好必然相同. 换句话说, 社会偏好输出 x 和 y 的排序只取决于个体对这两个选项的排序, 而与个体对其他选项的偏好无关.

例如, 假设一个社会由两个个体组成, X 是一个有限选项集, $x, y \in X$, 在表 10.4 中, R_1^1 和 R_1^2 表示个体 1 的两个偏好序列, R_2^1 和 R_2^2 表示个体 2 的两个偏好序列. 显然, $R_1^1(xy) = R_1^2(xy) = x \succ_1 y$, $R_2^1(xy) = R_2^2(xy) = y \succ_2 x$. 如果社会福利函数 f 满足不相关选项的独立性, 那么社会偏好 $f(R_1^1, R_2^1)$ 和 $f(R_1^2, R_2^2)$ 有: $f(R_1^1, R_2^1)(xy) = f(R_1^2, R_2^2)(xy)$.

表 10.4　不相关选项的独立性

R_1^1	R_2^1	R_1^2	R_2^2
x	y	x	$\vdots$
$\vdots$	x	y	y
	$\vdots$		
y	$\vdots$	$\vdots$	x

定义 10.5 (独裁性)　如果对于任意 $x, y \in X$, $\alpha = (R_1, R_2, \cdots, R_n) \in \mathfrak{A}$, 存在个体 $i^\star \in N$, $R_{i^\star}(xy) = x \succ_{i^\star} y$, 那么 $f(\alpha)(xy) = x \succ y$.

独裁性定义说明对于偏好组合域中所有元素和任意两个选项 x 和 y, 存在一个个体, 若他对于前者的偏好超过后者, 则社会对它们的偏好与之相同. 亦即, 社会中存在一个个体, 他的偏好决定了社会偏好, 称这样的个体为独裁者. 如果不存在独裁者, 我们称这样的社会福利函数 f 具有非独裁性.

10.3　阿罗不可能性定理

基于上述定义, 我们可以得到阿罗不可能性定理. 此定理的证明方法不唯一, 这里我们给出一个比较直观的证明方法, 它分以下步骤进行: 首先, 证明**致极引理**. 然后基于此引理, 找到社会中的关键人物, 并证明他是独裁者.

引理 10.1 (致极引理)　假设 $b \in X$, $\alpha = (R_1, R_2, \cdots, R_n) \in \mathfrak{A}$. 如果 f 满足弱帕累托性和不相关选项的独立性, 且对于任意 $i \in N$, 任意 $x \in X$, $x \neq b$, 有 $R_i(bx) = b \succ_i x$ 或 $R_i(bx) = x \succ_i b$, 那么 $f(\alpha)(bx) = b \succ x$ 或 $f(\alpha)(bx) = x \succ b$.

证明　应用反证法证明. 假设前提成立而结论不成立, 即存在 $a, c \in X$, $a \neq b \neq c$, 使得 $f(\alpha)(abc) = a \succeq b \succeq c$. 那么对于任意 i, 假设他把偏好 R_i 作如下修改①, 成为 R_i':

- 若 $R_i(abc) = b \succ_i c \succ_i a$, 则偏好序列不做改变, 故 $R_i'(abc) = b \succ_i' c \succ_i' a$;
- 若 $R_i(abc) = b \succ_i a \succ_i c$, 或 $R_i(abc) = b \succ_i a \sim_i c$, 则将 c 移动至偏好序列的中间的某个位置 (其他不变), 使得 $R_i'(abc) = b \succ_i' c \succ_i' a$;
- 若 $R_i(abc) = a \succ_i c \succ_i b$, 或 $R_i(abc) = a \sim_i c \succ_i b$, 则将 c 移动至偏好序列的顶端位置 (其他不变), 使得 $R_i'(abc) = c \succ_i' a \succ_i' b$;
- 若 $R_i(abc) = c \succ_i a \succ_i b$, 则偏好序列不做改变, 故 $R_i'(abc) = c \succ_i' a \succ_i' b$.

显然, R_i' 也满足前提条件: 任意 $x \in X$, $x \neq b$, 有 $R_i'(bx) = b \succ_i' x$ 或 $R_i'(bx) = x \succ_i' b$. 同时, 由上述各情形可知: $R_i(ab) = R_i'(ab)$, $R_i(bc) = R_i'(bc)$. 根据**不相关选项的独立性**, 可得

$$f(\alpha)(ab) = f(\alpha')(ab), \quad f(\alpha)(bc) = f(\alpha')(bc).$$

再由假设可得

$$f(\alpha')(ab) = a \succeq' b, \quad f(\alpha')(bc) = b \succeq' c.$$

由于 $\succeq'$ 是传递的, 故 $f(\alpha')(ac) = a \succeq' c$.

---

① 注意: 由前提, 任意个体都将选项 b 放在其偏好序列 R_i 的最顶端或最底端.

另外, 我们在上述四种情形中发现: 对于任意 i, 有 $R_i'(ac) = c \succ_i' a$. 进一步根据**弱帕累托性**, 可得社会偏好 $f(\alpha')$ 满足 $f(\alpha')(ac) = c \succ' a$. 这与上面的结论矛盾!   □

致极引理表述的观点是, 如果社会中每个个体都将某个选项 b 放在其偏好序列的最顶端或最底端, 且社会福利函数满足弱帕累托性和不相关选项的独立性, 那么社会也必须这样做 (即使社会有一半的个体将 b 放在最顶端, 而另一半个体将 b 放在最底端).

定义 10.6   假设 $b \in X$, $\alpha \in \mathfrak{A}$, b 在社会偏好序列 $f(\alpha)$ 的最底端. 如果个体 i 是社会个体集中的首个人, 他改变其偏好序列使得 b 在社会偏好序列中的位置由最底端改变为最顶端, 那么称个体 i 是选项 b 的关键者, 记为 $i^\star = i(b)$.

注记 10.5 $i^\star = i(b)$ 是唯一的, 他对社会偏好序列有决定性的影响[①].

引理 10.2   设 $b \in X$, 若社会福利函数 f 满足弱帕累托性和不相关选项的独立性, 则社会存在关键者 $i^\star = i(b)$.

证明   设 $\alpha = (R_1, R_2, \cdots, R_n) \in \mathfrak{A}$, 对于任意 $i \in N$, $x \in X$, $x \neq b$, 有 $R_i(bx) = x \succ_i b$, 即社会任意个体把选项 b 置于偏好序列的最底端, 那么根据**弱帕累托性**, 可知 $f(\alpha)(xb) = x \succ b$.

现在假设个体改变其在 α 中的偏好: 个体由 1 至 n 先后将 b 移动至其偏好序列的**最顶端**, 而其他选项的排序不变, 记由此得到的偏好组合为 α'. 令 $i^\star = i(b)$ 为社会中**第一个**个体, 在他作出这样的改变后, b 在社会偏好中的排序随之发生变化 (即 b 在 $f(\alpha')$ 中的排序与它在 $f(\alpha)$ 中的排序不同). 当 $i^\star = n$ 时, 由**弱帕累托性**可知 b 在社会偏好 $f(\alpha')$ 排序的最顶端, 而 b 在社会偏好 $f(\alpha)$ 排序的最底端, 因此这样的个体是存在的.

当 $i^\star < n$ 时, 记 α^{I} 为 $i^\star$ 移动 b 之前的偏好组合, 即

$$\alpha^{\mathrm{I}} = (R_1', \cdots, R_{i^\star-1}', R_{i^\star}, \cdots, R_n).$$

记 α^{II} 为 $i^\star$ 移动 b 之后的偏好组合, 即

$$\alpha^{\mathrm{II}} = (R_1', \cdots, R_{i^\star}', R_{i^\star+1}, \cdots, R_n).$$

为了使读者更好地理解证明, 我们用表 10.5 和表 10.6 分别表示 α^{I} 和 α^{II}.

在 α^{I} 和 α^{II} 中, 对任意 $x \in X$, $R_j'(xb) = b \succ_j' x$ (见表 10.5 和表 10.6 的左侧). 由 α^{I} 和 α^{II} 的定义, 有 $f(\alpha) = f(\alpha^{\mathrm{I}})$, $f(\alpha) \neq f(\alpha^{\mathrm{II}})$. 根据**致极引理**, 对任意 $x \in X$, $f(\alpha^{\mathrm{II}})(bx) = b \succ x$, 即社会偏好 $f(\alpha^{\mathrm{II}})$ 将 b 置于排序的最顶端. 因此, 社会存在关键者 $i^\star$.   □

[①] 请注意: 对于社会关键性 (决定性) 个体的定义有其他的版本 (见文献 [21]), 这里作如此定义是为以下的证明服务.

表 10.5 α^{I}

R'_1	$\cdots$	$R'_{i^\star-1}$	$R_{i^\star}$	$R_{i^\star+1}$	$\cdots$	R_n
b	b	b	$\vdots$	$\vdots$	$\vdots$	$\vdots$
$\vdots$	$\vdots$	$\vdots$	b	b	b	b
$b\succ'_1 x$	$b\succ'_j x$	$b\succ'_{i^\star-1} x$	$x\succ_{i^\star} b$	$x\succ_{i^\star+1} b$	$x\succ_k b$	$x\succ_n b$

表 10.6 α^{II}

R'_1	$\cdots$	$R'_{i^\star-1}$	$R'_{i^\star}$	$R_{i^\star+1}$	$\cdots$	R_n
b	b	b	b	$\vdots$	$\vdots$	$\vdots$
$\vdots$	$\vdots$	$\vdots$	$\vdots$	b	b	b
$b\succ'_1 x$	$b\succ'_j x$	$b\succ'_{i^\star-1} x$	$b\succ'_{i^\star} x$	$x\succ_{i^\star+1} b$	$x\succ_k b$	$x\succ_n b$

引理 10.3 若社会个体集 N 中至少有三个个体, 且社会福利函数满足弱帕累托性和不相关选项的独立性, 则 $i^\star = i(b)$ 是选项对 ac 的独裁者, 这里 a,b, $c\in X$.

证明 我们在 α^{II} 的基础上构建一个偏好组合 $\alpha^{\mathrm{III}} = (R''_1,\cdots,R''_{i^\star},R''_{i^\star+1}, \cdots,R''_n)$:

- $i^\star$ 移动 a 和 c 中的任意一个 (不妨设为 a), 将 a 放置于 b 的上方, 故有 $R''_{i^\star}(abc) = a\succ''_{i^\star} b\succ''_{i^\star} c$;
- 其他个体可任意地就 a 和 c 进行排序, 而 b 的排序位置保持不变.

我们用表 10.7表示 α^{III}.

表 10.7 α^{III}

R''_1	$\cdots$	$R''_{i^\star-1}$	$R''_{i^\star}$	$R''_{i^\star+1}$	$\cdots$	R''_n
b	b	b	a	$\vdots$	$\vdots$	$\vdots$
$\vdots$	$\vdots$	$\vdots$	b	$\vdots$	$\vdots$	$\vdots$
$\vdots$	$\vdots$	$\vdots$	c	$\vdots$	$\vdots$	$\vdots$
$\vdots$	$\vdots$	$\vdots$	$\vdots$	b	b	b
$b\succ''_1 x$	$b\succ''_j x$	$b\succ''_{i^\star-1} x$	$a\succ''_{i^\star} b\succ''_{i^\star} c$	$x\succ''_{i^\star+1} b$	$x\succ''_k b$	$x\succ''_n b$

由于 $R''_{i^\star}(abc) = a\succ''_{i^\star} b\succ''_{i^\star} c$, 根据偏好的传递性可知: $a\succ''_{i^\star} c$. 下面, 我们证明 $f(\alpha^{\mathrm{III}})(ac) = a\succ c$ 成立.

先比较 α^{I} 和 α^{III}(见表 10.5和表 10.7), 显然 $R'_j(ab) = R''_j(ab)$ (见这两个表中单竖线的左侧: b 排在 a 的上面), $R'_k(ab) = R''_k(ab)$ (见这两个表中单竖线的右侧:

b 排在 a 的下面). 因此, 对任意个体 i, 有 $R_i'(ab) = R_i''(ab)$. 根据**不相关选项的独立性**有

$$f(\alpha^{\mathrm{III}})(ab) = f(\alpha^{\mathrm{I}})(ab) = a \succ b.$$

再比较 α^{II} 和 α^{III} (见表 10.6 和表 10.7 中双竖线的两侧), 同理可得

$$f(\alpha^{\mathrm{III}})(bc) = f(\alpha^{\mathrm{II}})(bc) = b \succ c.$$

进一步由偏好的传递性得 $f(\alpha^{\mathrm{III}})(ac) = a \succ c$, 故 $i^\star = i(b)$ 是选项对 ac 的独裁者. $\qquad\square$

定理 10.1 (**阿罗不可能性定理**) 假设选项集 X 中至少有三个元素, 如果社会福利函数 f 满足弱帕累托性和不相关选项的独立性, 那么 f 一定满足独裁性.

证明 引理 10.2 证明了关键者 $i^\star$ 的存在性, 引理 10.3 证明了 $i^\star = i(b)$ 是任意选项对 ac 的独裁者, 于是命题得证. $\qquad\square$

注记 10.6 这个定理也可表达为: 假设选项集 X 中至少有三个元素, 那么不存在一个社会福利函数 f 满足弱帕累托性、不相关选项的独立性和非独裁性.

这个定理得到一个消极的结论: 同时满足一些看似必要、合理的性质的社会福利函数是不存在的.

10.4 文 献 注 释

10.1 节中的例子来自文献 [18], 10.3 节阿罗不可能性定理的证明参考了文献 [23]. 目前, 阿罗不可能性定理有很多版本, 文献 [21]、[23] 和 [26] 给出了多种不同的证明方法. 文献 [18]、[21] 和 [37] 分析了避免不可能性这一消极结论的各种途径. 为了将偏好聚合理论进行推广, 文献 [38] 在阿罗理论基础上得到主观判断聚合理论.

习   题

1. 假设社会由三个个体组成, 结合表 10.2, 请给出一个偏好组合的例子.
2. 结合表 10.2, 请给出一个社会福利函数, 使得它满足弱帕累托性.
3. 结合表 10.2, 请给出一个社会福利函数, 使得它满足不相关选项的独立性.
4. 结合表 10.2, 请给出一个社会福利函数, 使得它满足独裁性.
5. 请给出一个社会福利函数, 使得它满足弱帕累托性和不相关选项的独立性.
6. 简单多数规则是否导致不可能性结论? 请分析你的结论.
7. 避免不可能性结论有各种途径. 请查阅文献, 就某种途径写一篇综述.

第 11 章　理性互动：策略型博弈

第二部分介绍了一些经典的理性选择理论, 这些理论以公理化的方法研究了理性 (偏好最大化效用) 概念. 自然地, 我们希望由个体理性选择延伸到群体的策略互动, 由此产生一个问题：在个体理性概念之下, 我们如何刻画多主体**互动的决策**? 亦即, 如何在偏好最大化效用的理性概念基础上构建博弈模型? 这正是博弈论的主要任务. 本章将简要地介绍一些博弈论的基本概念, 只涉及博弈论最基础的模型——策略型博弈模型.

11.1　纯策略纳什均衡

11.1.1　策略型博弈模型

让我们先看一个简单的博弈——囚徒困境. 这个博弈的场景如下：某个案件有两个嫌疑人, 他们分别关押在两个牢房中. 警察掌握了他们犯罪的一小部分证据, 如果他们都保持沉默 (抵赖), 每个人将因已有的证据而判刑一年; 如果他们只有一人坦白并愿意指控另一人, 那么坦白者将释放, 而抵赖者将判刑四年; 如果他们都坦白, 每人将判刑三年. 假设两个嫌疑人都希望刑期越少越好 (理性的), 那么他们应该沉默还是坦白?

在这个博弈场景中, 我们可以发现几个关键词：嫌疑人、沉默、坦白、刑期、刑期越少越好. 如果要构建一个模型刻画与囚徒困境类似的博弈, 那么这些关键词就给予我们一定的启发. 这个模型我们称之为**策略型博弈**, 它包含三个要素：博弈的局中人, 行动和偏好. 因此, 我们作如下定义.

定义 11.1 (**策略型博弈**)　一个策略型博弈是一个三元组 $\mathfrak{G} = (N, (A_i)_{i \in N}, (\succeq_i)_{i \in N})$, 其中

- $N = \{1, 2, \cdots, n\}$ 为局中人集合;
- A_i 为局中人 i 的可选行动集;
- $\succeq_i$ 为局中人 i 的偏好.

注记 11.1　在策略型博弈中, 我们通常假设：N 为有穷的, 并且对于任意 $i \in N$, A_i 中的元素是有穷的 (即策略型博弈是有限的).

注记 11.2　我们通常把策略型博弈简记为 $\mathfrak{G} = (N, (A_i), (\succeq_i))$.

这里, 我们应该注意：

- 策略型博弈也称为正规性博弈, 贝叶斯博弈和扩展型博弈等理论是在它的基础上推广建立的. 因此, 策略型博弈模型是博弈论中最基本、最简单的模型.

- 策略型博弈是一种"同时性""静态"的博弈, 即局中人同时选择各自的一个策略, 博弈随之结束. 因此它也称为一锤子买卖的博弈, 不能刻画局中人有先后次序的策略博弈.

- 在理性选择理论中, 个体决策的结果不依赖其他主体的决策, 个体决策的解是一个最大化期望效用的行为; 而在博弈论中, 博弈的结果不仅取决于个体自己的策略, 而且还依赖于其他局中人的策略, 因此博弈的解通常是一个**策略组合**, 它体现了主体之间的互动.

- "策略"是博弈理论中非常重要的概念. 在策略型博弈中, 我们称 A_i 中任意行动 a_i 为一个**纯策略**.

- 在这一节中, 我们只考察策略型博弈的一种特殊的解: 纯策略解, 即这样的解是一个**纯策略组合** $a = (a_1, a_2, \cdots, a_n)$, $a_i \in A_i$.

定义 11.2 给定策略型博弈 $\mathfrak{G} = (N, (A_i), (\succeq_i))$, 称 $\mathfrak{A} = \prod_{i \in N} A_i$ 为 $\mathfrak{G}$ 的纯策略空间.

注记 11.3 纯策略空间是给定博弈的纯策略组合的集合, 该博弈的纯策略解就在其中.

注记 11.4 在这一节中, 策略型博弈中的偏好 $\succeq_i$ 是定义在纯策略空间 $\mathfrak{A}$ 上的关系, 满足完全性和传递性.

注记 11.5 对于任意 $i \in N$, 他的偏好 $\succeq_i$ 由其序数效用 $u_i : \mathfrak{A} \to R$ 表征, 即对于任意 $a, a' \in \mathfrak{A}$, $a \succeq_i a' \Leftrightarrow u_i(a) \geqslant u_i(a')$. 因此策略型博弈也可表达为 $\mathfrak{G} = (N, (A_i), (u_i))$.

对于一个 2×2 的策略型博弈 (有两个局中人, 每个局中人的行动集均只有两个元素), 我们通常用表 11.1 来表示它, 其中

- 规定局中人 1 为列局中人, 局中人 2 为行局中人;

- 规定列局中人的行动 (T 和 B) 竖列在表格的左侧, 行局中人的行动 (L 和 R) 横列在表格的上端;

- 每个方块有一对序数效用. 以 $(u_1(T, L), u_2(T, L))$ 为例, 它们分别为两个局中人的序数效用函数指派给纯策略组合 (T, L) 的效用值.

表 11.1 2×2 策略型博弈

	L	R
T	$u_1(T, L), u_2(T, L)$	$u_1(T, R), u_2(T, R)$
B	$u_1(B, L), u_2(B, L)$	$u_1(B, R), u_2(B, R)$

注记 11.6　　这样的表格也通常称为博弈的**收益**矩阵.

例 11.1　　请用策略型博弈为囚徒困境博弈场景建模.

解　　该博弈场景可建模为 $(N, (A_i), (\succeq_i))$, 其中

- $N = \{1, 2\}$;
- $A_1 = \{Q, F\}$, $A_2 = \{Q, F\}$, 这里 Q 为行动 "沉默", F 为行动 "坦白";
- 局中人 1 的偏好序列为

$$(F, Q) \succ_1 (Q, Q) \succ_1 (F, F) \succ_1 (Q, F);$$

　　局中人 2 的偏好序列为

$$(Q, F) \succ_2 (Q, Q) \succ_2 (F, F) \succ_2 (F, Q).$$

令序数效用 u_i 表征偏好 $\succ_i$, $i = 1, 2$, 不妨设:

$$u_1(F, Q) = 3, \quad u_1(Q, Q) = 2, \quad u_1(F, F) = 1, \quad u_1(Q, F) = 0;$$
$$u_2(Q, F) = 3, \quad u_2(Q, Q) = 2, \quad u_2(F, F) = 1, \quad u_2(F, Q) = 0.$$

于是我们可得到囚徒困境的收益矩阵 (表 11.2).　　　　　　　　　　　　　□

表 11.2　　囚徒困境

	Q	F
Q	2,2	0,3
F	3,0	1,1

下面, 我们再给出两个经典的例子, 它们和囚徒困境一样经常出现在博弈论之中.

例 11.2 (BoS)　　一对情侣希望一起外出听音乐会, 可选择的两场音乐会为: 巴赫音乐会和斯特拉文斯基音乐会. 一个人喜欢听前者, 而另一个人喜欢听后者. 如果他们分开去听不同的音乐会, 那么每人对独自听任何音乐会都表现出同等的不乐意. 请用策略型博弈为此博弈场景建模.

解　　该博弈场景可建模为 $(N, (A_i), (\succeq_i))$, 其中

- $N = \{1, 2\}$;
- $A_1 = \{B, S\}$, $A_2 = \{B, S\}$, 这里 B 为 "听巴赫音乐会", S 为 "听斯特拉文斯基音乐会";
- 局中人 1 的偏好序列为: $(B, B) \succ_1 (S, S) \succ_1 (B, S) \sim_1 (S, B)$; 局中人 2 的偏好序列为: $(S, S) \succ_2 (B, B) \succ_2 (B, S) \sim_2 (S, B)$.

令序数效用 u_i 表达偏好 $\succ_i$, $i = 1, 2$,

$$u_1(B, B) = 2, \quad u_1(S, S) = 1, \quad u_1(B, S) = u_1(S, B) = 0;$$

$$u_2(S, S) = 2, \quad u_2(B, B) = 1, \quad u_2(B, S) = u_2(S, B) = 0.$$

于是我们可得到 BoS[①]的收益矩阵 (表 11.3).   □

表 11.3   BoS

	B	S
B	2,1	0,0
S	0,0	1,2

例 11.3 (猎鹿博弈)   在一群猎人中, 每个猎人有两种选择: 集中精力猎鹿, 这样能够逮住鹿并平均分配; 开小差去打野兔, 这样鹿会逃掉, 开小差的人能够逮到兔子而独占. 每个猎人都喜欢平分鹿胜于只逮到野兔. 请用策略型博弈为此博弈场景建模.

读者可以类似地为该博弈场景建模, 并得到如下收益矩阵 (表 11.4).

表 11.4   猎鹿博弈

	S	H
S	2,2	0,1
H	1,0	1,1

11.1.2   纯策略纳什均衡定义

在给出纯策略纳什均衡定义之前, 让我们先定义一些符号. 令

$$a_{-i} = (a_1, \cdots, a_{i-1}, a_{i+1}, \cdots, a_n),$$

那么,

$$a_{-i} \in A_{-i} = A_1 \times \cdots \times A_{i-1} \times A_{i+1} \times \cdots \times A_n.$$

这样组合 $a = (a_1, a_2, \cdots, a_i, \cdots, a_n) = (a_i, a_{-i})$. 在纯策略空间 $\mathfrak{A}$ 中, 我们对一些具有特殊性质的纯策略组合感兴趣, 它们是稳定的状态, 体现了稳定的 "社会模式". 用日常语言说, 策略组合 $a^* = (a_i^*, a_{-i}^*) \in \mathfrak{A}$ 为一个稳定的状态是指, 对于任意局中人 i, 假设其他局中人均坚持各自的策略 (即给定 a_{-i}^*), 他不可能选择一个与 a_i^* 不同的策略而使自己变得更好, 因而没有动机改变策略. 像这样稳定的策略组合可视为给定博弈的一种解, 称之为 **纳什均衡**.

定义 11.3 (纯策略纳什均衡)   给定一个策略型博弈 $(N, (A_i), (\succeq_i))$, 称一个策略组合 $a^* = (a_i^*, a_{-i}^*)$ 为纳什均衡, 如果任意 $i \in N$, 任意 $a_i \in A_i$, $a_i \neq a_i^*$,

$$u_i(a_i^*, a_{-i}^*) \geqslant u_i(a_i, a_{-i}^*),$$

---

① 通常也称为 "性别大战".

其中序数效用函数 u_i 表征局中人 i 的偏好 $\succeq_i$; 称 a_i^* 为局中人 i 的 (纳什) 均衡策略.

注记 11.7　如果纯策略组合 $a^* = (a_i^*, a_{-i}^*)$ 满足: 对于任意 $i \in N$, 任意 $a_i \in A_i$, $a_i \neq a_i^*$,

$$u_i(a_i^*, a_{-i}^*) > u_i(a_i, a_{-i}^*),$$

那么称 a^* 为严格的纯策略纳什均衡.

注记 11.8　纯策略纳什均衡的条件也可以表达为: 对于任意 $i \in N$, 任意 $a_i \in A_i$, $a_i \neq a_i^*$, 有 $(a_i^*, a_{-i}^*) \succeq_i (a_i, a_{-i}^*)$.

纯策略纳什均衡是一类特殊的纳什均衡, 在不产生混淆的情形下, 我们有时直接使用 "纳什均衡" 术语.

例 11.4　根据定义 11.3, 请确定囚徒困境中纯策略的纳什均衡.

解　囚徒困境是一个 2×2 的策略型博弈, 因此该博弈的纯策略空间集合

$$\mathfrak{A} = \{(Q,Q), (Q,F), (F,Q), (F,F)\}.$$

下面, 我们参照表 11.2, 根据定义 11.3将这些纯策略组合逐一验证.

首先, 验证 (Q,Q) 是否为纳什均衡. 由于 $u_1(Q,Q) = 2$, $u_1(F,Q) = 3$, 故

$$u_1(F,Q) > u_1(Q,Q),$$

它意味着, 在知道对家会沉默的情况下, 局中人 1 会由 "沉默" 策略改变为 "招供" 策略. 可见 (Q,Q) 不满足定义, 因此它不是纳什均衡. 我们可以类似地验证: (Q,F) 和 (F,Q) 也不是纳什均衡.

最后验证 (F,F). 由于

$$u_1(F,F) > u_1(Q,F), \quad u_2(F,F) > u_2(F,Q),$$

因此, (F,F) 是纳什均衡.　　　　　　　　　　　　　　　　　　　　□

类似地, 读者可以确定 (B,B) 和 (S,S) 是 BoS 的纳什均衡, (S,S) 和 (H,H) 是猎鹿博弈的纳什均衡.

结合这些例子, 我们可以发现纳什均衡概念有两个预设. 首先, 它假设每个局中人的偏好由其序数效用函数 u_i 来表征, 因此它需假设每个局中人是**理性的** (并且是公共知识[①]); 其次, 它需假设每个局中人关于其他局中人执行策略的信念是**正确的**[②]. 例如, 在 BoS 中, 当局中人认为对家会选择 B, 而对家确实如此, 在理性预设下他一定会选择 B, 于是在此博弈中局中人达成均衡 (B,B).

---

①　这个预设意味着: 对于任意局中人 i, 他是理性的, 且他知道其他人是理性的, 且他知道其他人知道他是理性的, 等等.

②　局中人可以通过博弈的经验形成正确的信念.

11.1.3 纯策略最优反应

本小节将讨论纯策略纳什均衡的一些性质, 主要目的在于: ① 帮助我们深入理解纳什均衡概念; ② 帮助我们寻找一种更简单、更直接的方法求解纳什均衡. 在前面的例子中, 我们根据定义 11.3 将纯策略空间集合中每个纯策略组合逐一验证, 求出三个 2×2 策略型博弈的纳什均衡. 不难发现, 应用定义 11.3 的这种求解法是很繁琐的, 特别是在面临一些复杂博弈的时候.

给定一个策略型博弈, 对于任意局中人, 他可以作这样的思考: 如果其他局中人是如此选择各自的策略, 那么我该怎么选择相应的策略予以应对呢? 显然, 这是一个理性选择问题, 理性的预设要求他一定会选择一个最优的策略. 例如, 在 BoS 中, 因为在对家选择 B 条件下局中人的最优行动是 B, 所以, 如果对家选择 B, 那么每个局中人一定会选择 B. 为了刻画这个理性选择问题, 我们引入一个新的概念: **纯策略最优反应函数**.

定义 11.4 (纯策略最优反应函数) 给定一个策略型博弈 $(N, (A_i), (\succeq_i))$, 局中人 $i \in N$ 的纯策略最优反应函数 (简称为纯策略最优反应) 是一个映射 $B_i : A_{-i} \to A_i$, 且作如下对应

$$B_i(a_{-i}) = \{a_i \in A_i : u_i(a_i, a_{-i}) \geqslant u_i(a_i', a_{-i}), \forall a_i' \in A_i\}.$$

如果 $a_i \in B_i(a_{-i})$, 那么称 a_i 为局中人 i 对于 a_{-i} 的一个最优反应.

注记 11.9 纯策略最优反应函数是一个集函数, $B_i(a_{-i})$ 中的每个行动都是局中人 i 对于 a_{-i} 的最优策略.

注记 11.10 $B_i(a_{-i}) \neq \varnothing$.

当给定的策略型博弈能够用表格表示时, 我们可以很方便地求出局中人的纯策略最优反应. 以 2×2 博弈为例, 比较每一竖列的第一个数字, 找到最大的数字并标上星号, 标星数字所对应的行动即为局中人 1 的最优反应; 比较每一行的第二个数字, 找到最大的数字并标上星号, 同样地, 标星数字所对应的行动即为局中人 2 的最优反应. 称这种求解最优反应的方法为标星法.

例 11.5 确定囚徒困境中局中人的最优反应.

解 应用标星法. 在表 11.5 中, 我们先看收益矩阵的第一列: Q 列 (意味着局中人 2 采用 Q 策略), 该竖列的第一个数字分别为: 上数字 "2" 和下数字 "3", 因此在数字 "3" 上标星. 再看第二列: F 列 (意味着局中人 2 采用 F 策略), 该竖列的第一个数字分别为: 上数字 "0" 和下数字 "1", 因此在数字 "1" 上标星. 由此, 我们得到局中人 1 的纯策略最优反应:

$$B_1(Q) = \{F\}, \, B_1(F) = \{F\}.$$

再看收益矩阵的第一行：Q 行 (意味着局中人 1 采用 Q 策略), 这一行的第二个数字分别为：前数字 "2" 和后数字 "3", 因此在数字 "3" 上标星. 再看第二行：F 行 (意味着局中人 1 采用 F 策略), 这一行的第二个数字分别为：前数字 "0" 和后数字 "1", 因此在数字 "1" 上标星. 由此, 我们得到局中人 2 的纯策略最优反应：

$$B_2(Q) = \{F\}, \ B_2(F) = \{F\}.$$

于是, 我们通过标星法得到了局中人的纯策略最优反应.　　　　　　□

表 11.5　囚徒困境中局中人的纯策略最优反应

	Q	F
Q	2, 2	0, 3*
F	3*,0	1*,1*

通过标星法, 我们在表 11.5 中发现：右下侧都是标星数字 $(1^*,1^*)$, 它们所对应的纯策略组合为 (F, F). 在前一小节中, 我们明确了这个组合是囚徒困境的纳什均衡. 因此, 我们猜测：给定一个行动组合, 若**每个**局中人的行动是关于其他局中人行动的最优反应, 则这个行动组合就是纳什均衡, 反之亦然.

定理 11.1　给定一个策略型博弈 $(N, (A_i), (\succeq_i))$, 纯策略组合 $a^* = (a_i^*, a_{-i}^*)$ 是该博弈的一个纳什均衡当且仅当, 对于任意 $i \in N$, 有 $a_i^* \in B_i(a_{-i}^*)$.

证明　根据纳什均衡定义和纯策略最优反应定义即得.　　　　　　□

于是, 我们可以应用 "标星法" 确定给定博弈的纯策略的纳什均衡：标星数字对子所对应的纯策略组合就是纳什均衡.

例 11.6　应用标星法确定 BoS、猎鹿博弈的纳什均衡.

解　这里我们只确定 BoS 的纳什均衡, 另外的留给读者作为练习. 应用标星法可得表 11.6. 因此, (B, B) 和 (S, S) 是 BoS 的纳什均衡.　　　　　　□

表 11.6　标星法求 BoS 的纳什均衡

	B	S
B	2*, 1*	0, 0
S	0, 0	1*, 2*

11.1.4　严优行动与弱优行动

在有些博弈中, 存在某个局中人的某个行动, 不管其他局中人如何选择行动, 他选择这个行动总是要好过另一行动. 也就是说, 他的这个行动 "严优于" 另一行动. 例如, 在囚徒困境中, 不管对家采取什么行动, 局中人选择 F 总是要好于 Q.

定义 11.5 (严优行动) 给定一个策略型博弈 $(N, (A_i), (\succeq_i))$, a_i, $a'_i \in A_i$, $a_i \neq a'_i$, 称行动 a_i 严优 a'_i, 如果对于任意 $a_{-i} \in A_{-i}$, 有

$$u_i(a_i, a_{-i}) > u_i(a'_i, a_{-i}),$$

这里效用函数 u_i 表达局中人 i 的偏好 $\succeq_i$. 此时, 也称 a_i 是严优行动, a'_i 是严劣行动.

在囚徒困境中, F 是严优行动, Q 是严劣行动.

例 11.7 在 BoS 和猎鹿博弈中局中人有严优行动吗?

这个例子留给读者作为练习.

注记 11.11 严劣行动 $a_i \notin B_i(a_{-i})$, 即严劣行动不是一个最优反应.

注记 11.12 严劣行动不是一个纳什均衡策略, 即严劣行动不可能出现在纳什均衡里.

下面, 我们把严优行动的条件弱化: 存在某个局中人的某个行动, 如果不管其他局中人如何选择行动, 他选择这个行动至少和另一行动一样好, 且对于其他局中人的某些行动, 他选择这个行动要好于另一行动. 这样的行动是 "弱优的".

定义 11.6 (弱优行动) 给定一个策略型博弈 $(N, (A_i), (\succeq_i))$, a_i, $a'_i \in A_i$, $a_i \neq a'_i$, 称 a_i 弱优于 a'_i, 如果对于任意 $a_{-i} \in A_{-i}$, 有

$$u_i(a_i, a_{-i}) \geqslant u_i(a'_i, a_{-i}),$$

并且存在某些 $a_{-i} \in A_{-i}$, 有

$$u_i(a_i, a_{-i}) > u_i(a'_i, a_{-i}),$$

这里效用函数 u_i 表达局中人 i 的偏好 $\succeq_i$. 此时, 称行动 a_i 为弱优行动, a'_i 是弱劣行动.

例 11.8 假设在一个两个局中人的策略型博弈中, 局中人 1 的收益如表 11.7 所示, 找出他的严优行动和弱优行动.

表 11.7   弱优

	L	R
T	1	0
M	2	0
B	2	1

解 由于

$$u_1(B, L) > u_1(T, L), \; u_1(B, R) > u_1(T, R),$$

故 B 严优于 T; 由于

$$u_1(B, L) = u_1(M, L),\ u_1(B, R) > u_1(M, R),$$

故 B 弱优于 M; 由于

$$u_1(M, L) > u_1(T, L),\ u_1(M, R) = u_1(T, R),$$

故 M 弱优于 T. □

在前面的注记中, 我们说明了严劣行动不可能出现在纯策略的纳什均衡中. 进一步的问题是: 弱劣行动是否也是如此呢? 答案是否定的, 请读者给出一个例子.

至此, 我们给出的策略型博弈均存在纯策略纳什均衡. 那么是不是所有的策略型博弈都是这样呢?

例 11.9 (匹配硬币) 掷一枚硬币, 两个人猜测结果：正面 (H) 或反面 (T). 如果他们猜的结果不同, 那么第一个人付给第二个人 1 元; 如果他们猜的结果相同, 那么第二人付给第一人 1 元. 此博弈是否存在纯策略纳什均衡?

解 首先, 我们给出硬币匹配博弈的模型 (表 11.8). 进一步应用 "标星法" 可得：在收益矩阵中没有一对数字同时标星. 因此, 这个博弈不存在纯策略纳什均衡. □

表 11.8 硬币匹配

	H	T
H	$1^*, -1$	$-1,\ 1^*$
T	$-1,\ 1^*$	$1^*, -1$

11.2 混合策略纳什均衡

我们在 11.1 节中发现有些博弈不存在纯策略纳什均衡. 这一节将介绍**混合策略概念**, 定义混合策略纳什均衡, 并证明它的存在性和一些重要性质.

11.2.1 基本概念

前面我们在讨论策略型博弈的解中只考虑纯策略概念, 即限制局中人在其行动集中选择某个行动. 现在我们弱化这个条件, 允许局中人在其行动集上选择一个概率分布, 随机地而不是确定地选择其行动.

定义 11.7 (混合策略) 给定一个策略型博弈 $(N, (A_i), (\succeq_i))$, 局中人 i 的混合策略 α_i 是定义在 A_i 上的一个概率分布.

我们再定义一些符号.

- 我们通常使用 α_i 表示局中人 i 的混合策略, 用 $\alpha = (\alpha_i, \alpha_{-i})$ 表示混合策略组合.

- 记 $\alpha_i(a_i)$ 为局中人 i 的混合策略 α_i 指派给其行动 a_i 的概率, 表示局中人 i 以这个概率采取行动 a_i. 例如, 在 BoS 中, $A_i = \{B, S\}$, 假设 $\alpha_1 = \left(\frac{1}{3}, \frac{2}{3}\right)$, 那么 $\alpha_1(B) = \frac{1}{3}$, $\alpha_1(S) = \frac{2}{3}$.

- 令 Δ_i 为局中人 i 的混合策略构成的集合, Θ 为混合策略空间:

$$\Theta = \prod_{i \in N} \Delta_i = \Delta_1 \times \cdots \times \Delta_n.$$

那么策略型博弈的可能解是混合策略的组合 $\alpha = (\alpha_i, \alpha_{-i}) \in \Theta$, $\alpha_i \in \Delta_i$.

注记 11.13   纯策略是混合策略的退化状态, 因此前者是后者的特例, 即混合策略以概率 1 赋值给某纯策略. 例如, 在 BoS 中, 若 $\alpha_1 = (1, 0)$, 则局中人 1 确定地选择行动 B.

注记 11.14   策略型博弈中偏好 $\succeq_i$ 是定义在混合策略空间 Θ 上的关系.

注记 11.15   对于任意局中人 i, 偏好 $\succeq_i$ 是由**期望效用**U_i 表征的, 即存在一个冯·诺伊曼–摩根斯坦效用 $u_i : \mathfrak{A} \to R$, 使得

$$\alpha \succeq_i \alpha' \Leftrightarrow U_i(\alpha) \geqslant U_i(\alpha').$$

因此策略型博弈也可定义为 $(N, (A_i), (U_i))$.

注记 11.16   我们通常假设局中人对于混合策略的选择是独立的.

注记 11.17   任意混合策略的组合 $\alpha = (\alpha_i, \alpha_{-i}) \in \Theta$ 确定集合 $\mathfrak{A}$ 上的一个概率分布.

例如, 在 BoS 中, 假设 $\alpha_1 = \left(\frac{1}{3}, \frac{2}{3}\right)$, $\alpha_2 = \left(\frac{1}{2}, \frac{1}{2}\right)$, 那么

$$\alpha(B, B) = \alpha_1(B)\alpha_2(B) = \frac{1}{6}, \alpha(B, S) = \alpha_1(B)\alpha_2(S) = \frac{1}{6},$$

$$\alpha(S, B) = \alpha_1(S)\alpha_2(B) = \frac{1}{3}, \alpha(S, S) = \alpha_1(S)\alpha_2(S) = \frac{1}{3}.$$

定义 11.8   设 $\alpha_i \in \Delta_i$, 称集合

$$\Lambda(\alpha_i) = \{a_i \in A_i : \alpha_i(a_i) > 0\}$$

为 α_i 的**支持集**.

博弈的求解是基于理性概念的, 也就是说, 我们通过表征局中人的偏好可以定义博弈的解. 因此, 给定一个策略型博弈, 确定任意混合策略的期望效用 (期望收益) 是非常重要的.

给定一个 2×2 的策略型博弈, 如表 11.9 所示. 假设局中人 1 采用混合策略 $\alpha_1 = (p, 1-p)$, 局中人 2 采用混合策略 $\alpha_2 = (q, 1-q)$. 表中括号里的字母表示混合策略指派给相应行动的概率.

表 11.9　2 × 2 博弈

	$L\ (q)$	$R\ (1-q)$
$T\ (p)$	$u_1(T,L), u_2(T,L)$	$u_1(T,R), u_2(T,R)$
$B\ (1-p)$	$u_1(B,L), u_2(B,L)$	$u_1(B,R), u_2(B,R)$

由于局中人对于混合策略的选择是独立的, 根据已知博弈的结构, 我们有

$$
\begin{aligned}
U_1(\alpha_1,\alpha_2) =\ & pqu_1(T,L) + p(1-q)u_1(T,R) \\
& + (1-p)qu_1(B,L) + (1-p)(1-q)u_1(B,R) \\
=\ & p[qu_1(T,L) + (1-q)u_1(T,R)] \\
& + (1-p)[qu_1(B,L) + (1-q)u_1(B,R)]; \\
U_2(\alpha_1,\alpha_2) =\ & pqu_2(T,L) + p(1-q)u_2(T,R) \\
& + (1-p)qu_2(B,L) + (1-p)(1-q)u_2(B,R) \\
=\ & q[pu_2(T,L) + (1-p)u_2(B,L)] \\
& + (1-q)[pu_2(T,R) + (1-p)u_2(B,R)].
\end{aligned}
$$

令

$$U_1(T,\alpha_2) = qu_1(T,L) + (1-q)u_1(T,R), \tag{11.1}$$

$$U_1(B,\alpha_2) = qu_1(B,L) + (1-q)u_1(B,R), \tag{11.2}$$

$$U_2(\alpha_1,L) = pu_2(T,L) + (1-p)u_2(B,L), \tag{11.3}$$

$$U_2(\alpha_1,R) = pu_2(T,R) + (1-p)u_2(B,R), \tag{11.4}$$

故

$$
\begin{aligned}
U_1(\alpha_1,\alpha_2) &= pU_1(T,\alpha_2) + (1-p)U_1(B,\alpha_2) \\
&= \alpha_1(T)U_1(T,\alpha_2) + \alpha_1(B)U_1(B,\alpha_2). \\
U_2(\alpha_1,\alpha_2) &= qU_2(\alpha_1,L) + (1-q)U_2(\alpha_1,R) \\
&= \alpha_2(L)U_2(\alpha_1,L) + \alpha_2(R)U_2(\alpha_1,R).
\end{aligned}
$$

等式 $U_1(T,\alpha_2) = qu_1(T,L) + (1-q)u_1(T,R)$ 表述的意思是, 局中人 1 在他确定选择纯策略 T 而局中人 2 选择混合策略 α_2 的情况下的期望效用 [式 (11.2)~式 (11.4) 可类似地解释].

于是, 这里给出了局中人关于混合策略组合 (α_1,α_2) 的期望收益——处于两点的连线上. 实际上我们可以将这个结论作进一步的推广: 局中人关于一个混合策略组合的期望效用等于他在选择某个纯策略而其他局中人选择某混合策略情况

下的期望效用的加权平均. 即给定一个博弈 $(N, (A_i), (\succeq_i))$, 局中人 i 关于混合策略组合 $\alpha = (\alpha_i, \alpha_{-i})$ 的期望效用为

$$U_i(\alpha_i, \alpha_{-i}) = \sum_{a_i \in A_i} \alpha_i(a_i) U_i(a_i, \alpha_{-i}), \tag{11.5}$$

其中

$$U_i(a_i, \alpha_{-i}) = \sum_{a_{-i} \in A_{-i}} \alpha_{-i}(a_{-i}) u_i(a_i, a_{-i}),$$

表示局中人 i 在选择纯策略 a_i 且其他局中人的混合策略组合为 α_{-i} 时的期望效用.

引理 11.1　在一个有限策略型博弈 $(N, (A_i), (\succeq_i))$ 中, 对于任意 $i \in N$, 任意 $\alpha_i \in \Delta_i$, 有

$$U_i(\alpha_i, \alpha_{-i}) \in [\min\{U_i(a_i, \alpha_{-i})\}, \max\{U_i(a_i, \alpha_{-i})\}].$$

证明

$$\begin{aligned} U_i(\alpha_i, \alpha_{-i}) &= \sum_{a_i \in A_i} \alpha_i(a_i) U_i(a_i, \alpha_{-i}) \\ &\leqslant \sum_{a_i \in A_i} \alpha_i(a_i) \max\{U_i(a_i, \alpha_{-i})\} \\ &= \max\{U_i(a_i, \alpha_{-i})\}. \end{aligned}$$

类似可证 $U_i(\alpha_i, \alpha_{-i}) \geqslant \min\{U_i(a_i, \alpha_{-i})\}$. □

定义 11.9 (混合策略纳什均衡)　给定一个策略型博弈 $(N, (A_i), (\succeq_i))$, 称一个策略组合 $\alpha^* = (\alpha_i^*, \alpha_{-i}^*) \in \Theta$ 为混合策略纳什均衡, 如果对任意 $i \in N$, 任意 $\alpha_i \in \Delta_i$, $\alpha_i \neq \alpha_i^*$, 有

$$U_i(\alpha_i^*, \alpha_{-i}^*) \geqslant U_i(\alpha_i, \alpha_{-i}^*),$$

其中 U_i 表达局中人 i 的偏好 $\succeq_i$, 并称 α_i^* 为局中人 i 的 (纳什) 均衡策略.

注记 11.18　由定义, 纯策略纳什均衡是一类特殊的混合策略纳什均衡. 因此, 纳什均衡通常是指混合策略纳什均衡.

注记 11.19　纳什均衡的条件也可以表达为: 对任意 $i \in N$, 任意 $\alpha_i \in \Delta_i$, $\alpha_i \neq \alpha_i^*$, 有 $(\alpha_i^*, \alpha_{-i}^*) \succeq_i (\alpha_i, \alpha_{-i}^*)$.

11.2.2　最优反应

在前一小节中, 我们给出了纯策略纳什均衡定义, 并给出了一些例子说明根据这个定义可以求出博弈的纯策略纳什均衡 (虽然比较繁琐). 在一般情况下混合

策略有无穷多个, 因此仅由定义 11.9, 我们很难求出给定策略型博弈的混合策略纳什均衡. 为了解决这个问题, 我们可以像以前一样类似地定义在混合策略概念之下的最优反应函数.

定义 11.10 (最优反应) 给定一个策略型博弈 $(N, (A_i), (\succeq_i))$, 局中人 $i \in N$ 的最优反应函数 (简称为最优反应) 是一个映射 $B_i : \Delta_{-i} \to \Delta_i$, 且作如下对应

$$B_i(\alpha_{-i}) = \{\alpha_i \in \Delta_i : U_i(\alpha_i, \alpha_{-i}) \geqslant U_i(\alpha_i', \alpha_{-i}), \forall \alpha_i' \in \Delta_i\}.$$

如果 $\alpha_i \in B_i(\alpha_{-i})$, 那么称 α_i 为局中人 i 对于 α_{-i} 的一个最优反应.

定理 11.2 给定一个策略型博弈 $(N, (A_i), (\succeq_i))$, 混合策略组合 $\alpha^* = (\alpha_i^*, \alpha_{-i}^*)$ 是该博弈的一个纳什均衡当且仅当, 对于任意 $i \in N$, 有 $\alpha_i^* \in B_i(\alpha_{-i}^*)$.

证明 根据混合策略纳什均衡定义和最优反应定义即得. □

定理 11.2给出了一种确定混合策略纳什均衡的方法, 该方法的关键是求出给定策略型博弈的最优反应. 让我们从一个 2×2 博弈入手.

定理 11.3 给定一个策略型博弈 (表 11.9). 如果 $\alpha_1 = (p, 1-p), \alpha_2 = (q, 1-q)$, 那么

$$B_1(\alpha_2) = \begin{cases} \{(1,0)\}, & U_1(T, \alpha_2) > U_1(B, \alpha_2); \\ \{(0,1)\}, & U_1(T, \alpha_2) < U_1(B, \alpha_2); \\ \{(p, 1-p), p \in [0,1]\}, & U_1(T, \alpha_2) = U_1(B, \alpha_2). \end{cases}$$

$$B_2(\alpha_1) = \begin{cases} \{(1,0)\}, & U_2(\alpha_1, L) > U_2(\alpha_1, R); \\ \{(0,1)\}, & U_2(\alpha_1, L) < U_2(\alpha_1, R); \\ \{(q, 1-q), q \in [0,1]\}, & U_2(\alpha_1, L) = U_2(\alpha_1, R). \end{cases}$$

证明 由于

$$U_1(\alpha_1, \alpha_2) = pU_1(T, \alpha_2) + (1-p)U_1(B, \alpha_2),$$

根据引理 11.1, 得

$$U_1(\alpha_1, \alpha_2) \leqslant \max\{U_1(T, \alpha_2), U_1(B, \alpha_2)\}.$$

故

- 当 $U_1(T, \alpha_2) > U_1(B, \alpha_2)$ 时, 则 $p = 1$ 使得 $U_1(\alpha_1, \alpha_2)$ 取到最大值 $U_1(T, \alpha_2)$;
- 当 $U_1(T, \alpha_2) < U_1(B, \alpha_2)$ 时, 则 $p = 0$ 使得 $U_1(\alpha_1, \alpha_2)$ 取到最大值 $U_1(B, \alpha_2)$;
- 当 $U_1(T, \alpha_2) = U_1(B, \alpha_2)$ 时, 则所有 p 都使得 $U_1(\alpha_1, \alpha_2)$ 取到相同值, 也是最大值.

因此, 由定义 11.10有

$$B_1(\alpha_2) = \begin{cases} \{(1,0)\}, & U_1(T,\alpha_2) > U_1(B,\alpha_2); \\ \{(0,1)\}, & U_1(T,\alpha_2) < U_1(B,\alpha_2); \\ \{(p,1-p), p \in [0,1]\}, & U_1(T,\alpha_2) = U_1(B,\alpha_2). \end{cases}$$

类似地, 我们可以证明表达式 $B_2(\alpha_1)$.   □

根据定理 11.3, 我们可以确定 2×2 策略型博弈局中人的最优反应函数, 进一步可以画出这些最优反应函数. 再由定理 11.2, 只要找到它们的交点就能求出该博弈的混合策略纳什均衡了.

例 11.10   *确定 BoS 局中人的最优反应, 并求它的纳什均衡.*

解   假设 $\alpha_1 = (p, 1-p), \alpha_2 = (q, 1-q)$. 由 BoS 的收益矩阵,

$$U_1(B,\alpha_2) = 2q, \quad U_1(S,\alpha_2) = 1-q;$$
$$U_2(\alpha_1,B) = p, \quad U_2(\alpha_1,S) = 2-2p.$$

根据定理 11.3, 得

$$B_1(\alpha_2) = \begin{cases} \{(1,0)\}, & q > \dfrac{1}{3}; \\[2mm] \{(0,1)\}, & q < \dfrac{1}{3}; \\[2mm] \{(p,1-p), p \in [0,1]\}, & q = \dfrac{1}{3}. \end{cases}$$

$$B_2(\alpha_1) = \begin{cases} \{(1,0)\}, & p > \dfrac{2}{3}; \\[2mm] \{(0,1)\}, & p < \dfrac{2}{3}; \\[2mm] \{(q,1-q), q \in [0,1]\}, & p = \dfrac{2}{3}. \end{cases}$$

于是我们可以画出 $B_1(\alpha_2)$ 和 $B_2(\alpha_1)$ 的图像 (图 11.1).

我们发现 $B_1(\alpha_2)$ 和 $B_2(\alpha_1)$ 有三个的交点: $\left(\dfrac{2}{3}, \dfrac{1}{3}\right)$, $(1,1)$, $(0,0)$. 故该博弈纳什均衡为

$$\left(\left(\frac{2}{3}, \frac{1}{3}\right), \left(\frac{1}{3}, \frac{2}{3}\right)\right), ((1,0),(1,0)), ((0,1),(0,1)).$$

注意: $((1,0),(1,0)), ((0,1),(0,1))$ 分别为纯策略纳什均衡 (B,B) 和 (S,S).   □

请注意:

- 在 2×2 策略型博弈中, 混合策略空间 Θ 就是 1×1 的正方形区域 (图 11.1);

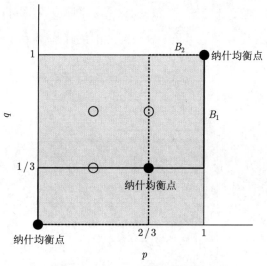

图 11.1　BoS 局中人最优反应

- 这个正方形区域中, 其他的点都不指示纳什均衡. 例如, 右上虚点在 B_2 中但不在 B_1 中, 左下的虚点在 B_1 中但不在 B_2 中, 左上的虚点既不在 B_1 中也不在 B_2 中, 由定理 11.2 可知, 它们都不指示一个纳什均衡.

例 11.11　求匹配硬币博弈局中人的最优反应, 并求该博弈的纳什均衡.

解　假设 $\alpha_1 = (p, 1-p), \alpha_2 = (q, 1-q)$. 由硬币匹配博弈的收益矩阵,

$$U_1(H, \alpha_2) = 2q - 1, \quad U_1(T, \alpha_2) = 1 - 2q;$$
$$U_2(\alpha_1, H) = 1 - 2p, \quad U_2(\alpha_1, T) = 2p - 1.$$

根据定理 11.3, 得

$$B_1(\alpha_2) = \begin{cases} \{(1,0)\}, & q > \dfrac{1}{2}; \\[2mm] \{(0,1)\}, & q < \dfrac{1}{2}; \\[2mm] \{(p, 1-p), p \in [0,1]\}, & q = \dfrac{1}{2}. \end{cases}$$

$$B_2(\alpha_1) = \begin{cases} \{(1,0)\}, & p < \dfrac{1}{2}; \\[2mm] \{(0,1)\}, & p > \dfrac{1}{2}; \\[2mm] \{(q, 1-q), q \in [0,1]\}, & p = \dfrac{1}{2}. \end{cases}$$

读者可以类似地画出 $B_1(\alpha_2)$ 和 $B_2(\alpha_1)$ 的图像. 由图 11.2 可知 $B_1(\alpha_2)$ 和 $B_2(\alpha_1)$ 只有唯一的交点 $\left(\dfrac{1}{2}, \dfrac{1}{2}\right)$. 故该博弈的纳什均衡为 $\left(\left(\dfrac{1}{2}, \dfrac{1}{2}\right), \left(\dfrac{1}{2}, \dfrac{1}{2}\right)\right)$. 如前面论述的一样, 它没有纯策略纳什均衡. $\qquad\square$

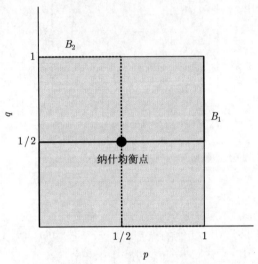

图 11.2　匹配硬币局中人最优反应

11.2.3　纳什均衡的重要性质

定理 11.4 (纳什均衡的存在性)　任意一个有限策略型博弈存在纳什均衡.

在一个有限策略型博弈中纯策略纳什均衡不一定存在, 但混合策略纳什均衡是必定存在的. 基于角谷不动点引理, 我们可以证明这个定理, 这里省略.

假设 $\alpha^* = (\alpha_i^*, \alpha_{-i}^*)$ 是某博弈的一个纳什均衡, 记 $u_i^* = \max\{U_i(a_i, \alpha_{-i}^*)\}$.

引理 11.2　在一个有限策略型博弈 $(N, (A_i), (\succeq_i))$ 中, 若 $\alpha^* = (\alpha_i^*, \alpha_{-i}^*)$ 是该博弈的一个纳什均衡, 则对于任意 $i \in N$, $a_i \in \Lambda(\alpha_i^*)$, 有

$$U_i(\alpha_i^*, \alpha_{-i}^*) = U_i(a_i, \alpha_{-i}^*) = u_i^*.$$

证明　由于 $\alpha^* = (\alpha_i^*, \alpha_{-i}^*)$ 是纳什均衡, 因此对于任意 $\alpha_i \in \Delta_i$,
$$U_i(\alpha_i^*, \alpha_{-i}^*) \geqslant U_i(\alpha_i, \alpha_{-i}^*),$$
令 α_i 为纯策略 a_i, 故 $U_i(\alpha_i^*, \alpha_{-i}^*) \geqslant u_i^*$. 另外, 由引理 11.1, $U_i(\alpha_i^*, \alpha_{-i}^*) \leqslant u_i^*$. 故有

$$U_i(\alpha_i^*, \alpha_{-i}^*) = u_i^*.$$

假设对于任意 $i \in N$, $a_i \in A_i$, $\alpha_i^*(a_i) > 0$, 有 $U_i(a_i, \alpha_{-i}^*) < u_i^*$. 不妨设 $U_i(a_j, \alpha_{-i}^*) = u^*$, $a_j \in A_i$. 那么, 存在 $\alpha_i \in \Delta_i$, $\alpha_i(a_j) = 1$, 有 $U_i(\alpha_i, \alpha_{-i}^*) >$

$U_i(\alpha_i^*, \alpha_{-i}^*)$. 于是 $\alpha_i^* \notin B_i(\alpha_{-i}^*)$, 这与 $\alpha^* = (\alpha_i^*, \alpha_{-i}^*)$ 是纳什均衡的前提矛盾! 因此, $U_i(a_i, \alpha_{-i}^*) = u_i^*$. □

例如, 我们知道 BoS 有一个混合策略纳什均衡 $\left(\left(\frac{2}{3}, \frac{1}{3}\right), \left(\frac{1}{3}, \frac{2}{3}\right)\right)$. 显然, 局中人的均衡策略对其所有的行动指派正概率. 我们容易验证有如下等式成立:

$$U_1\left(\left(\frac{2}{3}, \frac{1}{3}\right), \left(\frac{1}{3}, \frac{2}{3}\right)\right) = U_1\left(B, \left(\frac{1}{3}, \frac{2}{3}\right)\right) = U_1\left(S, \left(\frac{1}{3}, \frac{2}{3}\right)\right) = \frac{2}{3},$$

$$U_2\left(\left(\frac{2}{3}, \frac{1}{3}\right), \left(\frac{1}{3}, \frac{2}{3}\right)\right) = U_2\left(\left(\frac{2}{3}, \frac{1}{3}\right), B\right) = U_2\left(\left(\frac{2}{3}, \frac{1}{3}\right), S\right) = \frac{2}{3}.$$

引理 11.2 给出了纳什均衡的一个必要条件. 下面的定理进一步给出纳什均衡的充要条件. 这个定理十分重要, 我们可以应用它求解任意有限策略型博弈的纳什均衡, 下一节将提供两个例子.

定理 11.5 (**纳什均衡的特征定理**) 给定一个有限的策略型博弈 $(N, (A_i), (\succeq_i))$, 混合策略组合 $\alpha^* = (\alpha_i^*, \alpha_{-i}^*)$ 是该博弈的一个纳什均衡当且仅当, 对于任意 $i \in N$, 有

(1) $U_i(a_i, \alpha_{-i}^*) = u_i^*$, 这里 $a_i \in \Lambda(\alpha_i^*)$, 且

(2) $U_i(a_i, \alpha_{-i}^*) \leqslant u_i^*$, 这里 $a_i \notin \Lambda(\alpha_i^*)$.

证明 假设 $\alpha^* = (\alpha_i^*, \alpha_{-i}^*)$ 是给定博弈的纳什均衡, 显然有条件 (2) 成立, 再由引理 11.2, 可得必要性.

假设条件 (1) 和 (2) 成立. 那么

$$\begin{aligned} U_i(\alpha_i^*, \alpha_{-i}^*) &= \sum_{a_i \in A_i} \alpha_i^*(a_i) U_i(a_i, \alpha_{-i}^*) \\ &= u_i^* \sum_{a_i \in A_i} \alpha_i^*(a_i) \\ &= u_i^*. \end{aligned}$$

如果 $\alpha^* = (\alpha_i^*, \alpha_{-i}^*)$ 不是纳什均衡, 那么存在 $\alpha_i \in \Delta_i$, 使得 $U_i(\alpha_i, \alpha_{-i}^*) > U_i(\alpha_i^*, \alpha_{-i}^*)$. 故有 $U_i(\alpha_i, \alpha_{-i}^*) > u_i^*$, 这与引理 11.1的结论矛盾! 因此, 若条件 (1) 和 (2) 成立, 则 α^* 必定是一个纳什均衡. □

在混合策略概念下, 我们扩展前面优劣行动概念.

定义 11.11 (**严优策略**) 给定一个策略型博弈 $(N, (A_i), (\succeq_i))$, $a_i \in A_i$, 称局中人 i 的混合策略 α_i 严优于纯策略 a_i, 如果对于任意 $a_{-i} \in A_{-i}$, 有

$$U_i(\alpha_i, a_{-i}) > u_i(a_i, a_{-i}),$$

这里 u_i 是局中人 i 的效用函数, $U_i(\alpha_i, a_{-i})$ 为局中人 i 在他使用混合策略 α_i 而其他局中人采用行动 a_{-i} 时的期望效用. 此时, 称 α_i 是严优策略, a_i 是严劣的.

例 11.12   假设在一个两个局中人的策略型博弈中, 局中人 1 的收益如表 11.10 所示. 他有没有严优行动? 有没有严优混合策略?

表 11.10   严优混合策略

	L	R
T	1	1
M	4	0
B	0	3

解   容易验证, 该博弈没有严优行动. 但是它有严优混合策略. 例如, 令 $\alpha_1 = \left(0, \frac{1}{2}, \frac{1}{2}\right)$, 那么

$$U_1(\alpha_1, L) = 2, \quad u_1(T, L) = 1;$$
$$U_1(\alpha_1, R) = \frac{3}{2}, \quad u_1(T, R) = 1.$$

因此,

$$U_1(\alpha_1, L) > u_1(T, L), \quad U_1(\alpha_1, R) > u_1(T, R).$$

故 α_1 是一个严优混合策略, T 是严劣的. $\square$

前面我们已经论述: 严劣行动 $a_i \notin B_i(a_{-i})$, 因此严劣行动不是一个最优反应. 下面的定理说明了在混合策略概念下, 这个结论也是成立的.

定理 11.6   给定一个策略型博弈 $(N, (A_i), (\succeq_i))$, 若 $\alpha^* = (\alpha_i^*, \alpha_{-i}^*)$ 是该博弈的一个纳什均衡, 且 $\forall i \in N, a_i \in A_i$ 被 α_i 严优, 则 $a_i \notin \Lambda(\alpha_i^*)$.

证明   假设命题的前提成立, 那么对于任意 $a_{-i} \in A_{-i}$, 有

$$U_i(\alpha_i, a_{-i}) > u_i(a_i, a_{-i}).$$

故

$$\begin{aligned}
U_i(a_i, \alpha_{-i}^*) &= \sum_{a_{-i} \in A_{-i}} \alpha_{-i}^*(a_{-i}) u_i(a_i, a_{-i}) \\
&< \sum_{a_{-i} \in A_{-i}} \alpha_{-i}^*(a_{-i}) U_i(\alpha_i, a_{-i}) \\
&= U_i(\alpha_i, \alpha_{-i}^*).
\end{aligned}$$

根据假设, $\alpha^* = (\alpha_i^*, \alpha_{-i}^*)$ 是一个纳什均衡. 如果 $\alpha_i^*(a_i) > 0$, 那么由引理 11.2, 有

$$U_i(\alpha_i^*, \alpha_{-i}^*) = U_i(a_i, \alpha_{-i}^*).$$

因此, $U_i(\alpha_i^*, \alpha_{-i}^*) < U_i(\alpha_i, \alpha_{-i}^*)$. 故 $\alpha^* \notin B_i(\alpha_{-i}^*)$, 从而 $\alpha^* = (\alpha_i^*, \alpha_{-i}^*)$ 不是一个纳什均衡. 这与前提矛盾. 因此, $\alpha_i^*(a_i) = 0$. $\square$

这个定理表明了，在所有混合策略纳什均衡中，均衡策略指派给严劣行动的概率一定为零. 由此，我们在求解纳什均衡时可以先剔除所有的严劣行动.

定义 11.12 (弱优策略) 给定一个策略型博弈 $(N, (A_i), (\succeq_i))$, $a_i \in A_i$, 称局中人 i 的混合策略 α_i 弱优于纯策略 a_i, 如果对于任意 $a_{-i} \in A_{-i}$, 有

$$U_i(\alpha_i, a_{-i}) \geqslant u_i(a_i, a_{-i}),$$

并且存在某些 $a_{-i} \in A_{-i}$, 有

$$U_i(\alpha_i, a_{-i}) > u_i(a_i, a_{-i}),$$

这里 u_i 是局中人 i 的效用函数，$U_i(\alpha_i, a_{-i})$ 为局中人 i 在他使用混合策略 α_i 而其他局中人采用行动 a_{-i} 时的期望效用. 此时，称 α_i 是弱优策略，a_i 是弱劣的.

我们在前面已经说明了弱劣行动可能出现在纯策略的纳什均衡中. 因此，一个弱劣行动在混合策略纳什均衡中可以被指派正概率，甚至是概率 1. 由此我们可以推断：在定理 11.6 中，如果将其前提改为弱劣行动，那么结论是不成立的.

11.3 纳什均衡的一般性求解方法

我们已经介绍了利用作图的方法求解混合策略纳什均衡. 虽然这种方法比较直观、简单，但通常只能求解 2×2 博弈，因此它具有很大的特殊性和局限性. 幸运的是，定理 11.5 给出了纳什均衡的充要条件，它为我们提供了一种纳什均衡的一般性求解方法.

这种方法的主要思路是，首先将策略组合按形式分类，然后逐一验证这些策略组合类型是否满足定理 11.5 中的两个条件，以确定是否存在纳什均衡. 下面，我们结合两个例子介绍这种方法.

例 11.13 应用定理 11.5，求 BoS 的纳什均衡.

解 为了读者阅读方便，我们先给出 BoS 的收益矩阵. 第 1 步，应用标星法求出纯策略纳什均衡[①]，于是我们可以得到 (B, B) 和 (S, S) 是纳什均衡.

表 11.11 BoS

	B	S
B	2,1	0,0
S	0,0	1,2

第 2 步，寻找其他混合策略纳什均衡.

---

① 显然，应用标星法求出的纯策略纳什均衡满足定理 11.5 给出了的条件.

- 检查形如 $(B, (q, 1-q))(q > 0)$ 的策略组合是否存有纳什均衡. 在这个策略组合中, 局中人 1 的混合策略是纯策略 B, 局中人 2 的混合策略指派给 B 和 S 的概率均大于零, 没有行动赋零概率. 因此, 若它是纳什均衡, 则对于**每个局中人**, 必满足定理 11.5 中的两个条件. 先检查局中人 2 是否满足条件 (1), 即 $U_2(\alpha_1, B) = U_2(\alpha_1, S)$, 亦即 $u_2(B, B) = u_2(B, S)$, 这显然不成立. 于是这类均衡是不存在的 (不必再检查另外的条件和局中人 1 是否满足条件了).
- 检查 $(S, (q, 1-q))$, $q > 0$, 是否存有纳什均衡, 类似可得这类均衡不存在.
- 检查 $((p, 1-p), B)$, $p > 0$, 是否存有纳什均衡, 类似可得这类均衡不存在.
- 检查 $((p, 1-p), S)$, $p > 0$, 是否存有纳什均衡, 类似可得这类均衡不存在.
- 检查 $((p, 1-p), (q, 1-q))$, $p, q > 0$, 是否存有纳什均衡. 在这个策略组合中, 两个局中人的混合策略指派给 B 和 S 的概率均大于零, 没有行动赋零概率. 因此, 若检查它是否为纳什均衡, 则对于**每个局中人**, 只需检查他们的策略是否满足定理 11.5 中条件 (1) 即可. 即

$$U_1(B, \alpha_2) = U_1(S, \alpha_2),$$
$$U_2(\alpha_1, B) = U_2(\alpha_1, S).$$

亦即

$$2q = 1 - q, \quad p = 2(1 - p).$$

解这个方程组得 $p = \dfrac{2}{3}, q = \dfrac{1}{3}$.

综上, BoS 的纳什均衡为

$$\left(\left(\frac{2}{3}, \frac{1}{3} \right), \left(\frac{1}{3}, \frac{2}{3} \right) \right), (B, B), (S, S).$$

结论和前面一样.   □

例 11.14   应用定理 11.5, 求博弈 (表 11.12) 的纳什均衡.

表 11.12   BoS 的一个变体

	B	S	X
B	4,2	0,0	0,1
S	0,0	2,4	1,3

解   第 1 步, 应用标星法求出纯策略的纳什均衡, 于是我们可以得到 (B, B) 和 (S, S) 是纳什均衡.

第 2 步, 寻找其他混合策略纳什均衡.

- 检查 $(B, (q, 1-q, 0))$, $q > 0$, 是否存有纳什均衡. 在这类策略组合中, 局中人 1 的混合策略是纯策略 B, 局中人 2 的混合策略指派给 B 和 S 的概率均大于零, 给 X 赋零概率. 先检查局中人 2 是否满足两个条件, 即

$$U_2(\alpha_1, B) = U_2(\alpha_1, S) \geqslant U_2(\alpha_1, X),$$

亦即

$$u_2(B, B) = u_2(B, S) \geqslant u_2(B, X),$$

显然这个式子不成立, 于是这类均衡是不存在的.
- 类似可得: 对于其他包含纯策略的策略组合, 这类均衡均不存在.
- 检查 $((p, 1-p), (q, 0, 1-q))$, $p, q > 0$, 是否存有纳什均衡. 在这类策略组合中, 局中人 1 的混合策略指派给 B 和 S 的概率均大于零, 没有行动赋零概率; 局中人 2 的混合策略指派给 B 和 X 的概率均大于零, 给 S 赋零概率. 若它是纳什均衡, 需满足:

$$U_1(B, \alpha_2) = U_1(S, \alpha_2),$$
$$U_2(\alpha_1, B) = U_2(\alpha_1, X) \geqslant U_2(\alpha_1, S).$$

亦即

$$4q = 1 - q,$$
$$2p = p + 3(1-p) \geqslant 4(1-p).$$

解之得 $p = \dfrac{3}{4}$, $q = \dfrac{1}{5}$. 因此, 这种形式的策略组合存在一个纳什均衡:

$$\left(\left(\frac{3}{4}, \frac{1}{4} \right), \left(\frac{1}{5}, 0, \frac{4}{5} \right) \right).$$

- 检查 $((p, 1-p), (0, q, 1-q))$, $p, q > 0$, 是否存有纳什均衡. 在这类策略组合中, 局中人 1 的混合策略指派给 B 和 S 的概率均大于零, 没有行动赋零概率; 局中人 2 的混合策略指派给 S 和 X 的概率均大于零, 指派给 B 零概率. 若它是纳什均衡, 需满足:

$$U_1(B, \alpha_2) = U_1(S, \alpha_2),$$
$$U_2(\alpha_1, S) = U_2(\alpha_1, X) \geqslant U_2(\alpha_1, B).$$

亦即

$$0 = 2q + 1 - q,$$

$$4(1-p) = p + 3(1-p) \geqslant 2p.$$

虽然 $p = \dfrac{1}{2}$ 可以满足后一条件, 即局中人 2 满足定理 11.5 中的条件, 但是不存在 $q \in (0,1)$, 使得它满足前一条件. 因此, 这种形式的均衡不存在.

- 类似可得, 不存在形如 $((p, 1-p), (q_1, q_2, 1-q_1-q_2))$ 的纳什均衡, 这里 $p, q_1, q_2 > 0$.

综上, 该博弈的纳什均衡为

$$\left(\left(\frac{3}{4}, \frac{1}{4} \right), \left(\frac{1}{5}, 0, \frac{4}{5} \right) \right), (B,B), (S,S). \qquad \square$$

11.4 文献注释

本章把混合策略解释为局中人选择行动的随机性, 这也是一种常见的解释. 实际上, 这个概念具有多种解释, 读者可参考文献 [42]. 关于博弈的逻辑刻画、纳什均衡的预设和公共知识概念, 本章没有详细地展开介绍和讨论, 有很多文献应用模态逻辑、认知逻辑等工具研究这方面的问题, 有兴趣的读者可参考文献 [12], [13], [40], [44]. 本章只介绍了博弈论中基本的模型——策略型博弈, 有兴趣进一步了解博弈论的读者可以此为基础阅读文献 [20] 或 [42]. 本章的一些定义、定理的表述和纳什均衡的一般性求解方法参考了文献 [41].

习 题

1. 请为 "锤子、剪刀、布" 博弈场景建模, 并画出其收益矩阵.

2. 两动物为食而斗, 它们表现得可以像一只鸽子 (温和), 也可以像一只老鹰 (凶猛). 对于任意动物来说, 最好的结果是它在争斗中表现得像老鹰, 而对手表现得像鸽子, 最坏的结果是它们在争斗中都表现得像老鹰, 两败俱伤. 如果对手表现得像鸽子, 它偏好表现得像老鹰; 如果对手表现得像老鹰, 则它偏好表现得像鸽子. 请根据这个 "鹰鸽" 博弈场景, 构造一个博弈模型, 说明其中的要素, 并画出其收益矩阵.

3. 给定如表 11.3 所示的博弈, 求每个局中人的纯策略最优反应和此博弈的纯策略纳什均衡.

表 11.13 练习 3

	L	C	R
T	2,2	1,3	0,1
M	2,1	0,0	0,1
B	1,0	1,1	0,0

4. 请举例说明弱劣行动可能出现在纯策略的纳什均衡中.

5. 请证明本章定理 11.1.

6. 求猎鹿博弈和囚徒困境的最优反应, 并利用作图方法求这两个博弈的混合策略纳什均衡.

7. 请证明本章定理 11.2.

8. 利用作图方法求如表 11.4 所示的博弈的混合策略纳什均衡.

表 11.14　练习 8

	L	R
T	0,1	0,2
B	2,2	0,1

9. 两个人协作完成一件任务, 得到如表 11.5 所示的博弈矩阵, 其中 D 为 "不尽力", C 为 "尽力", c 为尽力的成本, 且 $0 < c < 1$. 求此博弈的混合纳什均衡, 并确定当 c 增大时均衡如何发生变化, 并解释其原因.

表 11.15　练习 9

	D	C
D	0, 0	0, $-c$
C	$-c$, 0	$1-c, 1-c$

10. 试证: 任意一个有限策略型博弈存在一个混合策略纳什均衡, 其中没有局中人的策略是弱劣的.

11. 确定本章例 11.12中所有的严优混合策略.

12. 应用定理 11.5, 求猎鹿博弈的纳什均衡.

13. 应用定理 11.5, 求 "锤子、剪刀、布" 博弈的纳什均衡.

14. 应用定理 11.5, 求如表 11.6 所示的博弈的纳什均衡.

表 11.16　练习 14

	L	C	R
T	2,2	0,3	1,3
B	3,2	1,1	0,2

附录 A 前景理论

A.1 风险情形下的前景理论

在前景理论中, 行为通常用前景表示. 在风险情形下, 每个前景将相应地得到一组可能的结果, 这些结果通常表示为数值, 且得到每一个结果的概率是已知的. 进一步, 我们假设存在一个参考点, 它的值为零. 好于参考点的结果称为**所得**; 差于参考点的结果称为**所失**.

于是, 风险情形下的前景可以表示为

$$x = (p_1 : x_1, \cdots, p_n : x_n), \text{其中 } x_1 \geqslant \cdots \geqslant x_k \geqslant 0 \geqslant x_{k+1} \geqslant \cdots \geqslant x_n.$$

显然, 在前景理论那里, 任意前景 x 的结果是按由大到小排列的. 我们称这样的排列为完全符号排列.

定义 A.1 称 w^+ 和 w^- 分别为所得和所失的概率权重函数, 如果它们满足

- 规范性: $w^+(1) = w^-(1) = 1$, $w^+(0) = w^-(0) = 0$;
- 单调性: 若 $p_i \geqslant p_j$, 则 $w^+(p_i) \geqslant w^+(p_j)$, $w^-(p_i) \geqslant w^-(p_j)$.

注记 A.1 通常, 概率权重表示个体对概率的敏感度, 它们不等于概率, 且不满足可加性 (见图 A.1).

定义 A.2 设 $x = (p_1 : x_1, \cdots, p_n : x_n)$ 为一个前景, 记 π_i 为结果 x_i 的决策权重, π_i 定义为

$$\pi_i = \begin{cases} \pi(p_i^+) = w^+(p_i + \cdots + p_1) - w^+(p_{i-1} + \cdots + p_1), & i \leqslant k; \\ \pi(p_i^-) = w^-(p_i + \cdots + p_n) - w^-(p_{i+1} + \cdots + p_n), & i > k. \end{cases}$$

注记 A.2 根据概率权重函数定义, 显然有 $\pi_i \in [0,1]$.

注记 A.3 通常, 在前景理论中决策权重不等于概率, 它们不满足可加性. 而在经典理性选择理论那里, 决策权重即为概率.

定义 A.3 设 $x = (p_1 : x_1, \cdots, p_n : x_n)$ 为一个前景, 记 $PT(x)$ 为 x 的前景效用, 定义如下

$$PT(x) = \sum_{i=1}^{n} \pi_i u(x_i).$$

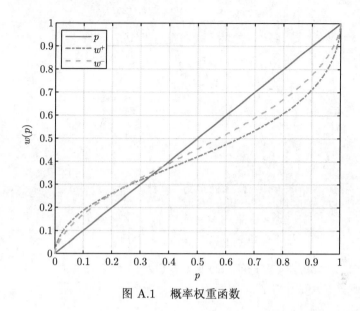

图 A.1　概率权重函数

注记 A.4　设 $x = (p_1 : x_1, \cdots, p_n : x_n)$ 为一个前景. 特别地, 当 $w^+(p) = p$, $w^-(p) = p$ 时, 我们有 $\pi_i = p_i$. 此时前景理论退化为经典的风险情形下的理性选择理论.

给定任意前景 x, 记 x^+ 和 x^- 分别为 x 的正部分和负部分, 即

$$x^+ = (p_1 : x_1, \cdots, p_k : x_k, p_{k+1} : 0, \cdots, p_n : 0),$$
$$x^- = (p_1 : 0, \cdots, p_k : 0, p_{k+1} : x_{k+1}, \cdots, p_n : x_n).$$

注记 A.5　任意前景 x 的前景效用是两部分的前景效用和, 即

$$
\begin{aligned}
PT(x) &= PT(x^+) + PT(x^-) \\
&= \sum_{i=1}^{k} \pi(p_i^+) u(x_i) + \sum_{i=k+1}^{n} \pi(p_i^-) u(x_i) \\
&= \sum_{i=1}^{k} (w^+(p_i + \cdots + p_1) - w^+(p_{i-1} + \cdots + p_1)) u(x_i) \\
&\quad + \sum_{i=k+1}^{n} (w^-(p_i + \cdots + p_n) - w^-(p_{i+1} + \cdots + p_n)) u(x_i).
\end{aligned}
$$

例 A.1　设 $x = \left(\dfrac{1}{6} : 6, \dfrac{1}{6} : 4, \dfrac{1}{6} : 2, \dfrac{1}{6} : -1, \dfrac{1}{6} : -3, \dfrac{1}{6} : -5 \right)$, 那么

$$PT(x) = PT(x^+) + PT(x^-)$$

$$= \left(w^+\left(\frac{1}{6}\right)\right)u(6) + \left(w^+\left(\frac{1}{3}\right) - w^+\left(\frac{1}{6}\right)\right)u(4)$$

$$+ \left(w^+\left(\frac{1}{2}\right) - w^+\left(\frac{1}{3}\right)\right)u(2)$$

$$+ \left(w^-\left(\frac{1}{2}\right) - w^-\left(\frac{1}{3}\right)\right)u(-1) + \left(w^-\left(\frac{1}{3}\right) - w^-\left(\frac{1}{6}\right)\right)u(-3)$$

$$+ \left(w^-\left(\frac{1}{6}\right)\right)u(-5).$$

定义 A.4 称前景集 X 上的偏好 $\succeq$ 被前景效用 PT 表征, 如果对于任意 $x, y \in X$,

$$x \succeq y \Leftrightarrow PT(x) \geqslant PT(y).$$

例 A.2 应用前景理论解释阿莱斯悖论的典型偏好关系.

解 阿莱斯悖论中乐透可表示为

$$x_1 = (0 : 5000000, 1 : 1000000, 0 : 0),$$

$$x_2 = (0.1 : 5000000, 0.89 : 1000000, 0.01 : 0),$$

$$x_3 = (0 : 5000000, 0.11 : 1000000, 0.89 : 0),$$

$$x_4 = (0.1 : 5000000, 0 : 1000000, 0.9 : 0).$$

由前景理论,

$$PT(x_1) = u(1000000),$$

$$PT(x_2) = w^+(0.1)u(5000000) + (w^+(0.99) - w^+(0.1))u(1000000),$$

$$PT(x_3) = w^+(0.11)u(1000000),$$

$$PT(x_4) = w^+(0.1)u(5000000).$$

由前景理论偏好的表征, 我们有

$$x_1 \succ x_2 \Leftrightarrow PT(x_1) > PT(x_2)$$
$$\Leftrightarrow u(1000000) > w^+(0.1)u(5000000) + (w^+(0.99) - w^+(0.1))u(1000000)$$
$$\Leftrightarrow (1 - w^+(0.99) + w^+(0.1))u(1000000) > w^+(0.1)u(5000000).$$

$$x_4 \succ x_3 \Leftrightarrow PT(x_4) > PT(x_3)$$
$$\Leftrightarrow w^+(0.1)u(5000000) > w^+(0.11)u(1000000).$$

因此, 要使得 $x_1 \succ x_2$ 和 $x_4 \succ x_3$ 成立, 即要

$$1 - w^+(0.99) + w^+(0.1) > w^+(0.11).$$

由于 w^+ 不满足可加性, 上述不等式完全可能成立. 因此, 前景理论可以解释阿莱斯悖论的典型偏好关系, 从而消解阿莱斯悖论. □

A.2 不确定情形下的前景理论

设 $E_1, \cdots, E_n$ 为世界状态集 $\mathfrak{S}$ 的一个分割, 任意前景在事件 E_i 发生的条件下得到结果 x_i, 这些结果通常表示为数值. 在不确定情形下, 存在一些 E_i 的概率是未知的. 因此, 不确定情形下的前景可以表示为

$$x = (E_1 : x_1, \cdots, E_n : x_n), \text{ 其中 } x_1 \geqslant \cdots \geqslant x_k \geqslant 0 \geqslant x_{k+1} \geqslant \cdots \geqslant x_n.$$

定义 A.5 称 W^+ 和 W^- 分别为所得和所失的事件权重函数, 如果它们满足

- 规范性: $W^+(\mathfrak{S}) = W^-(\mathfrak{S}) = 1, W^+(\varnothing) = W^-(\varnothing) = 0$;
- 单调性: 若 $E_i \supseteq E_j$, 则 $W^+(E_i) \geqslant W^+(E_j), W^-(E_i) \geqslant W^-(E_j)$.

注记 A.6 通常, 事件权重不等于事件的概率, 且不满足可加性.

定义 A.6 设 $x = (E_1 : x_1, \cdots, E_n : x_n)$ 为一个前景, 记 π_i 为结果 x_i 的决策权重, π_i 定义为

$$\pi_i = \begin{cases} \pi(E_i^+) = W^+(E_i \cup \cdots \cup E_1) - W^+(E_{i-1} \cup \cdots \cup E_1), & i \leqslant k; \\ \pi(E_i^-) = W^-(E_i \cup \cdots \cup E_n) - W^-(E_{i+1} \cup \cdots \cup E_n), & i > k. \end{cases}$$

注记 A.7 根据事件权重函数定义, 显然有 $\pi_i \in [0, 1]$.

定义 A.7 设 $x = (E_1 : x_1, \cdots, E_n : x_n)$ 为一个前景, 记 $PT(x)$ 为 x 的前景效用, 定义如下

$$PT(x) = \sum_{i=1}^n \pi_i u(x_i).$$

注记 A.8 设 $x = (E_1 : x_1, \cdots, E_n : x_n)$ 为一个前景. 特别地, 当 $W^+(E) = p(E), W^-(E) = p(E)$ 时, 我们有 $\pi_i = p(E_i)$. 此时前景理论退化为经典的不确定情形下的理性选择理论.

给定任意前景 x, 记 x^+ 和 x^- 分别为 x 的正部分和负部分, 即

$$x^+ = (E_1 : x_1, \cdots, E_k : x_k, E_{k+1} : 0, \cdots, E_n : 0),$$
$$x^- = (E_1 : 0, \cdots, E_k : 0, E_{k+1} : x_{k+1}, \cdots, E_n : x_n).$$

注记 A.9 任意前景 x 的前景效用是两部分的前景效用和, 即

$$PT(x) = PT(x^+) + PT(x^-)$$

$$= \sum_{i=1}^{k} \pi(E_i^+)u(x_i) + \sum_{i=k+1}^{n} \pi(E_i^-)u(x_i)$$

$$= \sum_{i=1}^{k} (W^+(E_i \cup \cdots \cup E_1) - W^+(E_{i-1} \cup \cdots \cup E_1))u(x_i)$$

$$+ \sum_{i=k+1}^{n} (W^-(E_i \cup \cdots \cup E_n) - W^-(E_{i+1} \cup \cdots \cup E_n))u(x_i).$$

定义 A.8　在不确定情形下, 称前景集 X 上的偏好 $\succeq$ 被前景效用 PT 表征, 如果对于任意 $x, y \in X$,

$$x \succeq y \Leftrightarrow PT(x) \geqslant PT(y).$$

例 A.3　应用前景理论解释厄尔斯伯格悖论的典型偏好关系.

解　厄尔斯伯格悖论中行为可表示为

$$x_1 = (\{s_1\} : 100, \{s_2\} : 0, \{s_3\} : 0),$$
$$x_2 = (\{s_2\} : 100, \{s_1\} : 0, \{s_3\} : 0),$$
$$x_3 = (\{s_1\} : 100, \{s_3\} : 100, \{s_2\} : 0),$$
$$x_4 = (\{s_2\} : 100, \{s_3\} : 100, \{s_1\} : 0).$$

由前景理论,

$$PT(x_1) = W^+(\{s_1\})u(100),$$
$$PT(x_2) = W^+(\{s_2\})u(100),$$
$$PT(x_3) = W^+(\{s_1, s_2\})u(100),$$
$$PT(x_4) = W^+(\{s_2, s_3\})u(100).$$

由前景理论偏好的表征, 我们有

$$\begin{aligned}
x_1 \succ x_2 &\Leftrightarrow PT(x_1) > PT(x_2) \\
&\Leftrightarrow W^+(\{s_1\}) > W^+(\{s_2\}) \\
&\Leftrightarrow W^+(\{s_2\}) < w^+\left(\frac{1}{3}\right), \\
x_4 \succ x_3 &\Leftrightarrow PT(x_4) > PT(x_3) \\
&\Leftrightarrow W^+(\{s_2, s_3\}) > W^+(\{s_1, s_3\}) \\
&\Leftrightarrow W^+(\{s_1, s_3\}) < w^+\left(\frac{2}{3}\right).
\end{aligned}$$

故, 要使得 $x_1 \succ x_2$ 和 $x_4 \succ x_3$ 成立, 即要上述两个不等式同时成立. 因此, 前景理论可以解释厄尔斯伯格悖论的典型偏好关系.   □

A.3 文 献 注 释

本章主要参考了文献 [50], [51] 和 [55]. 前景理论通过实验分析, 给出权重函数的表达式和效用函数的表达式, 阐述了这些函数的一些特点, 如权重函数的概率敏感性和效用函数的边际性, 有兴趣的读者可以参阅上述文献. 此外, 文献 [55] 讨论了前景理论的公理化基础, 并阐述了该理论和经典理性选择理论的主要区别.

参 考 文 献

[1] 夏道行, 吴卓人, 严绍宗, 等. 实变函数与泛函分析 [M]. 北京: 高等教育出版社, 1985.

[2] 盛骤, 谢式千, 潘承毅. 概率论与数理统计 [M]. 4 版. 北京: 高等教育出版社, 2008.

[3] 茆诗松, 程依明, 濮晓龙. 概率论与数理统计教程 [M]. 2 版. 北京: 高等教育出版社, 2011.

[4] 周概容. 概率论与数理统计 [M]. 北京: 高等教育出版社, 1984.

[5] 江天骥. 科学哲学名著选读 [M]. 武汉: 湖北人民出版社, 1988.

[6] 熊立文. 现代归纳逻辑的发展 [M]. 北京: 人民出版社, 2004.

[7] 陶哲轩. 陶哲轩实分析 [M]. 北京: 人民邮电出版社, 2008.

[8] Aliprantis C D, Border K C. Infinite Dimensional Analysis: A Hitchhiker's Guide[M]. 3rd ed. Berlin: Springer, 2006.

[9] Anand P, Pattanaik P, Puppe C. The Handbook of Rational and Social Choice[M]. Oxford: Oxford University Press, 2009.

[10] Anscombe F J, Aumann R J. A definition of subjective probability[J]. The Annals of Mathematical Statistics, 1963, 34(1): 199-205.

[11] Augustin T, PA Coolen F P A, De Cooman G, et al. Introduction to Imprecise Probabilities[M]. Chichester: John Wiley & Sons, 2014.

[12] Aumann R J. Interactive epistemology i: Knowledge[J]. International Journal of Game Theory, 1999, 28(3): 263-300.

[13] Aumann R J. Interactive epistemology ii: Probability[J]. International Journal of Game Theory, 1999, 28(3): 301-314.

[14] Carnap R. The Continuum of Inductive Methods[M]. Chicago: University of Chicago Press, 1952.

[15] Carnap R. Logical Foundations of Probability[M]. Chicago: University of Chicago Press, 1962.

[16] De Finetti B. Probability, Induction, and Statistics[M]. Aberdeen: John Wiley & Sons, 1972.

[17] DeGroot M H, J Schervish M J. Probability and Statistics[M]. Pearson New International Edition, 4th Edition. Boston: Pearson Education, 2012.

[18] Luce R D, Raiffa H. Games and Decisions: Introduction and Critical Survey[M]. New York: John Wiley & Sons, 1957.

[19] Ellsberg D. Risk, Ambiguity and Decision[M]. New York: Routledge, 2015.

[20] Fudenberg D, Tirole J. Game Theory[M]. Cambridge, MA: MIT Press, 1991.

[21] Gaertner W. A Primer in Social Choice Theory[M]. Revised edition. Oxford: Oxford University Press, 2009.

[22] Gärdenfors P, Sahlin N-E. Decision, Probability and Utility: Selected Readings[M]. Cambridge: Cambridge University Press, 1988.

[23] Geanakoplos J. Three brief proofs of arrow's impossibility theorem[J]. Economic Theory, 2005, 26(1):211-215.

[24] Gilboa I. Theory of Decision Under Uncertainty[M]. Cambridge: Cambridge University Press, 2008.

[25] Gilboa I, Schmeidler D. Maxmin expected utility with non-unique prior[J]. Journal of Mathematical Economics, 1989, 18(2): 141-153.

[26] Grandi U, Endriss U. First-order logic formalisation of impossibility theorems in preference aggregation[J]. Journal of Philosophical Logic, 2013, 42(4): 595-618.

[27] Hacking I. An Introduction to Probability and Inductive Logic[M]. Cambridge: Cambridge University Press, 2001.

[28] Hansson S O. Preference logic[C]//Gabbay D, Guenthner F. Handbook of philosophical logic, Berlin: Springer: 319-393, 2001.

[29] Kadane J B, Schervish M J, Seidenfeld T. Rethinking the Foundations of Statistics[M]. Cambridge: Cambridge University Press, 1999.

[30] Kahneman D, Tversky A. Prospect theory: An analysis of decision under risk[J]. Econometrica, 1979, 47(2): 363-391.

[31] Kreps D M. Notes on the Theory of Choice[M]. Boulder: Westview Press, 1988.

[32] Kyburg H E, Smokler H E. Studies in Subjective Probability[M]. New York: John Wiley & Sons, 1964.

[33] Kyburg Jr H E, Teng C M. Uncertain Inference[M]. Cambridge: Cambridge University Press, 2001.

[34] Levi I. On indeterminate probabilities[J]. Journal of Philosophy, 1974, 71: 391-418.

[35] Levi I. Decisions and Revisions: Philosophical Essays on Knowledge and Value[M]. Cambridge: Cambridge University Press, 2006.

[36] Levi I. Why indeterminate probability is rational[J]. Journal of Applied Logic, 2009, 7(4): 364-376.

[37] List C. The theory of judgment aggregation: An introductory review[J]. Synthese, 2012, 187(1): 179-207.

[38] List C, Pettit P. Aggregating sets of judgments: Two impossibility results compared[J]. Synthese, 2004, 140(1): 207-235.

[39] Liu F R. A two-level perspective on preference[J]. Journal of Philosophical Logic, 2011, 40(3): 421-439.

[40] Lorini E. A minimal logic for interactive epistemology[J]. Synthese, 2016, 193(3): 725-755.

[41] Osborne M J. An Introduction to Game Theory[M]. New York: Oxford university press, 2004.

[42] Osborne M J, Rubinstein A. A Course in Game Theory[M]. Cambridge, MA: MIT Press, 1994.

[43] Parmigiani G, Inoue L Y T, Lopes H F. Decision Theory: Principles and Approaches[M]. Chichester: Wiley, 2009.

[44] Pauly M, Parikh R. Game logic: An overview[J]. Studia Logica, 2003, 75(2): 165-182.

[45] Ramsey F P. Truth and probability[C]//Arló-Costa H, Hendricks V F, Van Benthem J. Readings in Formal Epistemology. Dordrecht: Springer, 2016: 21-45.

[46] Rescorla M. An improved dutch book theorem for conditionalization[J]. Erkenntnis, 2020: 1-29.

[47] Savage L J. The Foundations of Statistics[M]. Dover: Dover Publications, 1972.

[48] Seidenfeld T, Schervish M J, Kadane J B. Decisions without ordering[C]//Sieg W. Acting and Reecting. Dordrecht: Springer, 1990: 143-170.

[49] Skyrms B. Dynamic coherence and probability kinematics[J]. Philosophy of science, 1987, 54(1): 1-20.

[50] Tversky A, Kahneman D. Advances in prospect theory: Cumulative representation of uncertainty[J]. Journal of Risk and uncertainty, 1992, 5(4): 297-323.

[51] Tversky A , Kahneman D. Choices, Values, and Frames[M]. Cambridge: Cambridge University Press, 2000.

[52] Van Benthem J, Liu F R. Dynamic logic of preference upgrade[J]. Journal of Applied Non-Classical Logics, 2007, 17(2): 157-182.

[53] Von Neumann J, Morgenstern O. Theory of Games and Economic Behavior[M]. 2nd rev. Princeton: Princeton University Press, 1947.

[54] von Wright G H. The logic of preference reconsidered[J]. Theory and Decision, 1972, 3(2): 140-169.

[55] Wakker P P. Prospect Theory: For Risk and Ambiguity[M]. Cambridge: Cambridge University Press, 2010.

[56] Walley P. Statistical Reasoning with Imprecise Probabilities[M]. London: Chapman & Hall, 1991.

[57] Walley P. Measures of uncertainty in expert systems[J]. Artificial Intelligence, 1996, 83(1): 1-58.

[58] Xiong W. Implications of the dutch book: Following ramsey's axioms[J]. Frontiers of Philosophy in China, 2011, 6(2): 334-344.

主 题 索 引

A

阿基米德公理 Archimidean axiom, 55, 68, 73, 93

阿莱斯悖论 Allais paradox, 61, 62, 101, 152, 153

阿罗不可能性定理 Arrow's impossibility theorem, 119, 121, 123, 126

安斯康姆–奥曼决策情景 Anscombe-Aumann decision sitiation, 90, 92, 96

B

贝叶斯博弈 Bayesian game, 128

贝叶斯定理 Bayes' theorem, 13

表征定理 representation theorem, 44, 51, 55, 60, 76, 78, 97, 101

闭集 close set, 77, 78

不可接受的打赌 unacceptable bet, 75, 78

不可能性定理 impossibility theorem, 119

不确定 uncertainty, 51, 63, 66, 90, 102

不确定情形下的前景 prospect under uncertainty, 153

不确定情形下的决策情景 decision situation under uncertainty, 63, 73

不完全偏好 incomplete preference, 102

不相关选项的独立性 independence of irrelevant alternatives, 122~126

C

参考点 reference point, 150

策略互动 strategic interaction, 127

策略型博弈 strategic game, 127~136, 138~140, 143~145, 148

策略组合 strategy profile, 128, 138, 145~147

超平面 hyperplane, 79~81

超平面分离定理 separating hyperplane theorem, 78~80, 82

传递的 transitive, 41~44, 48, 78, 120, 123

纯策略 pure strategy, 128, 136~138, 142, 143, 145~147

纯策略空间 pure-strategy space, 128~ 130

纯策略组合 pure-strategy profile, 128, 130~ 133

纯策略最优反应函数 pure-strategy best- response function, 132

初始谓词 primitive predicate, 104~106, 113, 114, 116

D

打赌 bet/gamble, 66, 74~76, 82~84, 86~88

打赌设计者 bookmaker, 86~88

代入公理 substitution axiom, 58

单调性 monotonicity, 6, 19, 77, 150, 153

德菲尼蒂表征定理 de Finetti's representation theorem, 76, 78, 80~82

德菲尼蒂决策情景 de Finetti's decision situation, 74~76, 81

等可能性 indifference principle, 7, 8, 95

典型性偏好 typical preference, 62, 101

赌比 betting rate, 84

独裁者 dictator, 123, 125, 126

独裁性 dictatorship, 123, 126

对称的 symmetric, 41, 42

独立事件 Independent events, 14

独立性公理 independence axiom, 55, 58, 62, 77, 102

独态效用 state-independent utility, 96, 99, 100

独态效用的表征定理 representation theorem with state-independent utilities, 98

E

厄尔斯伯格悖论 Ellsberg paradox, 101~103, 154, 155

二项分布 Binomial distribution, 29, 30, 32